AKASHA-CHRONIK
One True Love

Gabrielle Orr

Akasha-Chronik

One True Love

DER PRAKTISCHE LEITFADEN,
UM DAS BUCH DEINES LEBENS ZU LESEN

Aus dem amerikanischen Englisch übersetzt
von Wulfing von Rohr

Ansata

Das vorliegende Buch ist sorgfältig erarbeitet worden.
Dennoch erfolgen alle Angaben ohne Gewähr.
Weder Autor noch Verlag können für eventuelle Nachteile
oder Schäden, die aus den im Buch gemachten praktischen
Hinweisen resultieren, eine Haftung übernehmen.

®

FSC

www.fsc.org

MIX

Papier aus ver-
antwortungsvollen
Quellen

FSC® C014496

Penguin Random House Verlagsgruppe
FSC® N001967

Ansata Verlag
Ansata ist ein Verlag
der Penguin Random House Verlagsgruppe GmbH.

ISBN 978-3-7787-7501-1

10. Auflage
Copyright © 2013 by Akashic Records ING
Titel des Originals: Akashic Records
Copyright © der deutschsprachigen Ausgabe 2015
by Ansata Verlag, München,
in der Penguin Random House Verlagsgruppe GmbH
Neumarkter Straße 28, 81673 München
Alle Rechte sind vorbehalten.
Printed in Germany.
Redaktion: Diane Zilliges
Einbandgestaltung: Reinert & Partner
Satz: te•ha grafik, draenn@gmail.com
Druck und Bindung: GGP Media GmbH, Pößneck

www.ansata-verlag.de

Inhalt

7

Widmung

Für meine Eltern Josef und Mathilde.
Ich danke euch,
dass ihr meiner Seele erlaubt habt,
wieder auf diese Ebene zu kommen.

Für jene, die wissen!

*Es gibt solche, die nicht wissen und die nicht
wissen, dass sie nicht wissen. Sie sind wie
unschuldige Kinder, und es ist an uns,
sie zu nähren und zu pflegen, sie zu ermuntern!*

*Dann gibt es jene, die nicht wissen
und die wissen, dass sie nicht wissen.
Sie sind willig und bereit: Lehrt sie!*

*Dann gibt es solche, die nicht wissen, die aber
denken, dass sie wissen. Diese sind gefährlich:
Geht ihnen aus dem Weg!*

*Es gibt dann auch jene, die wissen, aber nicht
wissen, dass sie wissen. Sie schlafen: Weckt sie auf!*

*Schließlich gibt es jene, die wissen und die sich
dessen bewusst sind, dass sie wissen. Werdet
nicht ihre Anhänger, denn wenn sie wissen, dass
sie wissen, wollen sie nicht, dass ihr ihnen folgt.
Hört aber achtsam darauf, was sie euch zu sagen
haben, denn sie könnten etwas sagen, was euch
an das erinnert, was ihr bereits wisst!*

Unbekannt

Vorwort

»Deine Vision wird nur dann klar,
wenn du in dein eigenes Herz schaust.
Wer nach außen blickt, träumt;
wer nach innen schaut, erwacht.«
CARL GUSTAV JUNG

Als ich lernte, einen Zugang zu meiner Akasha-Chronik zu erlangen, hat das mein Leben auf tief greifende Weise verändert. Es hat mein Herz geöffnet und mir erlaubt zu erkennen, dass ich bereits »zu Hause« bin und mir über meinen Weg keine Sorgen mehr machen muss – denn ich bin bereits an meinem Ziel. Jetzt!

Bevor ich wusste, wie ich mich mit dieser Quelle bedingungsloser Liebe verbinden kann, hatte ich sehr oft innere Angstzustände erlebt, Panikattacken und Existenzängste. Ich hatte das Gefühl, als ob ich ständig gegen all das ankämpfen müsste, was das Leben mir präsentierte. Selbstverständlich habe ich meditiert und eine Reihe von Heilmethoden erlernt. Ich hatte Verbindung zu unglaublichen Heilern aus allen möglichen Teilen der Welt geknüpft und Heilrituale und -techniken unterschiedlicher östlicher, westlicher und indigener Kulturen erfahren. Doch keine einzige berührte mein Herz so sehr und öffnete meinen Wesenskern so weit, wie es schließlich die Akasha-Chronik vermochte.

In tiefster Achtung und Dankbarkeit gegenüber dieser Quelle von Wissen, Weisheit und bedingungsloser Liebe fühle ich mich berufen, dieses unglaubliche Geschenk mit dir zu teilen. Es ist mein Herzenswunsch, dass du die gleiche Liebe und Fürsorglichkeit erleben kannst, die ich spüre, wenn ich in meiner Akasha-Chronik bin. Ich wünsche dir, dass du die Antworten erhältst, nach denen du suchst, die Heilung, nach der du dich sehnst, und die erhebende Freude und immerwährende Liebe, die dich aus einem Überlebensmodus herausholt und in einen Zustand des Erblühens und des schöpferischen Mitwirkens bringt. Du bist mit einer spirituellen Bestimmung hier, und du bist niemals allein. Der Zugang zur Akasha-Chronik hilft dir, deine Lebensaufgabe zu entdecken und dich an deine Verbindung mit dem Göttlichen zu erinnern. Anders gesagt: Wie könntest du jemals von deiner Quelle getrennt sein, wenn die Essenz dieser Quelle das verkörpert, was du wahrhaft bist?

Gabrielle Orr,
Miami Beach, Florida,
April 2013

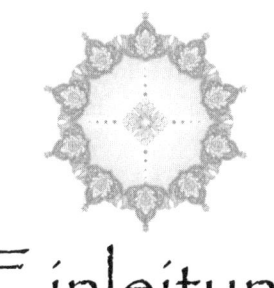

Einleitung

*»Denken und Fühlen leiten das Universum,
nicht Taten.«*
EDGAR CAYCE

Ein Arbeitsbuch
für Herz und Geist

Die Absicht dieses Buches ist es, deine innere Liebe
anzufachen und lebendig zu halten. Mein Wunsch
ist, dass du bei der Arbeit mit der göttlichen Energie der Akasha-Chronik dein wahres Selbst finden
mögest.

Um eine Verbindung zur Akasha-Chronik zu
entwickeln, bedarf es sowohl des Herzens als auch
des Geistes. Ich verwende eine vertraute Methode –

die Sprache –, um den Prozess und die Anleitungen zur Verbindung mit dieser Quelle zu erklären.

Dies ist ein Arbeitsbuch – eine Anleitung, die dir alles beibringen wird, was du brauchst, um einen Zugang zu deiner Akasha-Chronik zu erlangen.

Bitte folge all den Anleitungen und Erklärungen sorgfältig, dann wirst du den größten Nutzen aus diesem »Unterricht« ziehen.

Auf deine Absicht
kommt es an

» Wer nichts erwartet, wird nicht enttäuscht.
Aber wer viel erwartet und Tag für Tag
damit arbeitet und lebt,
der wird voll sein und überfließen. «
EDGAR CAYCE

Ich habe zum perfekten Zeitpunkt in meinem Leben
gelernt, wie ich einen Zugang zur Akasha-Chronik
erlange. Unaufhörlich hatte ich nach Befreiung und
Heilung gesucht. Ich hatte mich auf den spirituellen Weg begeben, ohne die Person zu kennen, die
ich wirklich war. Ich habe auf der äußeren Ebene
versucht, mich mit innerem Frieden und Harmonie
zu erfüllen. Schließlich fand ich diesen Frieden in
der Fürsorge und Anleitung, die ich von meinen

Meistern und Lehrern in der Akasha-Chronik erhielt. Ich fand etwas auf der »irdischen«, »materiellen« Ebene, das mich in den Stand versetzte, eine Verbindung mit meinem inneren Wesen aufzunehmen, sodass ich fortan jenes friedvolle Leben führen konnte, nach dem ich mich so sehr gesehnt hatte. Das Fundament für diese Entdeckung war die Absicht, mich weiterzuentwickeln.

Bitte frage dich selbst, was deine wahre Absicht war, als du dieses Buch zur Hand genommen hast. Warum möchtest du Zugang zu deiner Akasha-Chronik erlangen? Was war die Schwingung, der energetische Ruf, der hinter deiner physischen Handlung stand?

Es gibt hier keine richtige oder falsche Antwort. Ich möchte nur, dass du dich wach auf diesen Lernprozess, der dich erwartet, einlässt. Die größte und wichtigste Rolle spielen dabei du selbst und deine Bereitschaft, zu wachsen, zu blühen und ein bewusstes, sinnerfülltes Leben zu führen.

Über dich
und dieses Buch

»Sei realistisch. Plane Wunder ein.«
OSHO

Du wirst auf den Seiten dieses Buches nicht viele Informationen über mich finden, über meine Reise, über die Bedeutung von Religion und manche andere Dinge, die letztlich nicht wirklich dazu beitragen, dass du zu deiner eigenen Akasha-Chronik findest. Insofern ist das Buch genauso wie ich: gradeheraus und auf den Punkt gerichtet.

Ich erfülle dabei konsequent die Aufträge und folge der Führung meiner eigenen Akasha-Chronik, um Informationen weiterzugeben und andere darin zu unterrichten, wie sie eine Verbindung mit der Ebene der bedingungslosen Liebe herstellen können. Ich habe das in den letzten achtzehn Jahren getan, sowohl persönlich im Rahmen von Gruppen als auch über das Internet. Jetzt ist es Zeit, das Wissen niederzuschreiben und es dir zu übermitteln.

Es ist dein Geburtsrecht, einen Zugang zu dieser Quelle zu erhalten. Jede und jeder kann diese Verbindung herstellen. Ihre Qualität hängt von dir ab – von deiner Absicht und deinem Einsatz, den du zu leisten bereit bist. So wie sich ein beliebiger Amateurgolfspieler sehr beharrlich und zielstrebig einsetzen müsste, um ein Pro zu werden, wirst du nur dann zu einem echten Champion in Sachen Akasha-Chronik, wenn du bereit bist, dich auf dein Spiel zu fokussieren, deine Praxis durch regelmäßiges Üben zu vertiefen und dir immer wieder darüber klar zu werden, warum du dieses Ziel verfolgst.

Die Informationen in diesem Buch werden dich zu deiner eigenen Akasha-Chronik führen. Du wirst alles erhalten, was nötig ist, um die Verbindung herzustellen und mit deinen Fragen durch die Ebene der Akasha-Chronik zu navigieren. Ich verwende zwar die Form der Sprache, um dich zu unterrichten, aber du wirst die wesentlichen Lehren auch in einer sehr hohen Schwingung aus der Akasha-Chronik selbst empfangen. Diese Schwingungsenergie wird es dir erlauben, die Verbindung herzustellen. Sie wird deine Energie auf die richtige Ebene anheben, damit du die Liebe fühlen kannst und spürst, wie sie in dich einfließt. Das wird dir bewusst machen, dass du ein ganzheitliches und herrliches Seelenwesen in menschlicher Gestalt bist.

Anders ausgedrückt: Die Seiten dieses Buches sind von Liebe durchtränkt, und ich wünsche mir, dass du diese Liebe spürst. Du musst sie einfach fühlen.

Wie du dieses Buch nutzen kannst

»Man muss die Dinge so einfach wie möglich
machen.
Aber nicht einfacher.«
ALBERT EINSTEIN

Wenn du dieses Buch liest, wirst du feststellen, dass deine Mitarbeit gefordert ist. Halte also Stift und Papier bereit. Falls du glaubst, dass es ausreicht, ein Buch nur zu lesen, um den Inhalt zu erfassen, wirst du enttäuscht werden. Es ist wichtig, dass du dich an diesem Prozess intensiv beteiligst, denn es geht hier ausschließlich um dich und deine Verbindung zu deiner eigenen Akasha-Chronik.

Ich ermuntere dich, deine Antworten auf die Fragen niederzuschreiben, da du dich nicht vollständig an das wirst erinnern können, was du von den Meistern und Lehrern empfängst. Und ich möchte auch, dass du feststellst, dass die Antworten, die du erhältst, tatsächlich aus deiner Akasha-Chronik stammen.

- Regel Nummer eins: Mach alle Übungen schriftlich.
- Regel Nummer zwei: Blättere im Buch nicht nach vorn. Folge dem Prozess Seite für Seite und vertraue darauf, dass er mit göttlicher Absicht so aufgebaut ist. Also bitte keine »Abkürzungen«. Vertraue dem Prozess. Du verdienst es, dieses Geschenk zu bekommen, und ich fühle mich verpflichtet, es dir zu übermitteln.
- Regel Nummer drei: Genieße die Reise und – das gilt für die meisten Leser – sei dabei ein bisschen fröhlich. Das Leben ist gut, und es wird noch sehr viel besser werden.

Wichtiger Hinweis

»Die Weisen sind nur weise, weil sie lieben.
Die Narren sind nur Narren, weil sie denken,
dass sie Liebe verstehen könnten.«
PAULO COELHO

Die Meister und Lehrer der Akasha-Chronik sind bereit, dir zu helfen, die Muster und Blockaden aufzuarbeiten und aufzulösen, die dich bislang zurückhalten, dein volles Potenzial für Wachstum, Freude, Harmonie und Zielgerichtetheit zu erfahren.

Die göttliche Schwingung, die du während dieser Anleitungen erhältst, wird dir erlauben, deinen freien Willen auf Heilung, Veränderung und bewusste Entscheidungen einzustimmen. Du wirst eine umfassende und nachhaltige Wirkung sowohl in deinem Alltagsleben als auch auf der Seelenebene fühlen.

Dennoch: Gleich, welche Information oder welchen Rat du aus der Akasha-Chronik bekommst – du bist die höchste Autorität in deinem Leben und bleibst voll und ganz verantwortlich für alle Handlungen, die du unternimmst.

TEIL 1

Vorbereitung
auf den Unterricht

»*Jene Weisen, die erkennen,
dass das Bewusstsein in ihnen dasselbe
Bewusstsein ist, das in allen Wesen ist,
erlangen Frieden.*«
KATHA UPANISCHAD

Meditation[1]

Lass uns mit einer Meditation beginnen, die dir
hilft, dich zu entspannen und im Frieden zu sein.
Wenn du diese Meditation beendet hast, machst
du mit der danach erläuterten Übung weiter. Du
kannst die Meditationsanleitung auch mit deiner
eigenen Stimme auf ein Aufnahmegerät sprechen
und dann abspielen. Oder du bittest jemanden,
dem du vertraust, sie dir vorzulesen. Lass es auf
jeden Fall langsam angehen.

Sitze aufrecht mit deinen Füßen flach am Boden. Leg deine Hände auf den Knien ab. Achte darauf, dass deine Wirbelsäule aufrecht bleibt.

Atme einige Male sehr tief und sehr langsam ein und aus. Während du die Luft durch die Nase einziehst, stell dir vor, dass du Energie vom unteren Ende der Wirbelsäule hereinziehst und sie bis hinauf zum Kopf bewegst. Lass die Energie deiner bewussten Aufmerksamkeit folgen und lass los, wenn sich dein Geist nun bald vom Körper trennen wird.

Wiederhole diese Art zu atmen und nimm dir Zeit. Es gibt keine Eile. Du musst jetzt nirgendwo anders sein. Genieße einfach diesen Augenblick und atme erneut sehr langsam und sehr tief durch die Nase ein. Zieh die Energie vom unteren Ende deiner Wirbelsäule bis hinauf zu deinem Kopf. Halte die Energie dort oben am Kopf mit der Absicht, deinen Geist vom Körper zu trennen. Halte die Energie immer weiter oberhalb deines Kopfes. Dann atme aus und entspanne dich.

Atme erneut sehr tief und sehr langsam durch die Nase ein. Währenddessen stellst du dir vor, dass du eine Flüssigkeit durch einen Strohhalm heraufsaugst und die Energie durch deinen ganzen Körper bis hinauf zum Gehirn ziehst. Halte sie oben am Kopf. Lass die Energie deiner gezielten Aufmerksamkeit und deinem Atem bis hinauf zum

Kopf folgen und halte sie dort. Während du nun ausatmest, lässt du alles los, was noch so in deinem Bewusstsein herumgeistert.

Und nun atme ein letztes Mal auf diese Weise. Atme sehr tief und sehr langsam ein. Während du die Luft durch die Nase einströmen lässt, zieh Energie in deinen Körper, die Wirbelsäule entlang hinauf bis nach oben zum Gehirn. Halte sie oberhalb deines Kopfes mit der Absicht, das Bewusstsein aus dem Körper herauszuziehen.

Jetzt zieh die Energie noch höher, bis sie deinen Körper verlässt und sich in der Atmosphäre auflöst. Du bist dabei ganz und gar sicher. Du lässt nur deine egozentrischen Gedanken los. Du löst dich von all dem, was dir nicht dient und was deinen Weg blockiert hat.

Während du ausatmest, spürst du, wie tiefe Entspannung und Frieden durch Geist und Körper fließen. Du bist frei. Du bist frei und völlig entspannt. Du bist frei und im Frieden. Alles ist stimmig und gut.

Nun komm langsam mit deiner Bewusstheit zurück, recke und strecke deinen Körper und öffne die Augen. Nachdem du deine Energie zurück in den Körper gebracht hast und dir wieder ganz deiner Umgebung bewusst bist, mach mit der nächsten Übung weiter.

Die erste Übung

Schreib deine Antworten auf die folgenden Fragen auf. Es gibt keine richtigen oder falschen Antworten. Schreib einfach auf, was dir in den Sinn kommt. Wir werden zum Ende des Buchs hin mit diesen Antworten arbeiten. Es ist jedoch entscheidend, dass du sie beantwortest, bevor du mit der Lektion fortfährst, damit du sicher sein kannst, tatsächlich einen Zugang zu deiner Akasha-Chronik zu haben. Damit das geschehen kann, musst du der Anleitung gründlich folgen.

1. Was ist für mich in dieser Zeit in meinem Leben am wichtigsten zu wissen?
2. Wie fühlt sich bedingungslose Liebe für mich an?

Was bedeutet Akasha?

»Du kannst das gesamte Universum
auf der Suche nach jemandem durchqueren,
der deine Liebe und Zuneigung
mehr verdient als du selbst,
und du wirst diesen Menschen nirgendwo finden.
Du selbst verdienst – genauso wie alle anderen
im ganzen Universum – deine Liebe
und Zuneigung.«

BUDDHA

Welche Bedeutung
hat die Akasha-Chronik für uns?

Ich möchte gleich zu Beginn klären, dass die Aka-sha-Chronik[2] (die ich ab jetzt AC nenne) nicht Teil einer einzigen speziellen Religion ist. Die AC wird in den Schriften vieler Religionen erwähnt, so im Hinduismus, im Buddhismus, im Christentum, im

Judaismus, in der Theosophie und im modernen »Heidentum«. Das zeigt, dass die AC eine spirituelle Tatsache ist, die weit über irgendwelche religiösen Grenzen hinausgeht.

Akasha ist ein Wort aus der altindischen Sanskritsprache und bedeutet »Äther«. Es umfasst sowohl alle elementalen, also materiellen Sinne als auch die metaphysischen, nicht materiellen Sinne. Nach der antiken und der mittelalterlichen Wissenschaft und Weltanschauung ist Äther (griechisch αἰθήρ), manchmal auch als *æther* oder *ether* geschrieben, das Material, das den Bereich des Universums oberhalb der irdischen Sphäre erfüllt.

Die Energie und die Essenz von allem ist im Feld der Akasha-Chronik enthalten. Materielles, also Dinge mit einer Form und Gestalt wie Menschen, Bücher, Bäume und sogar Geld, gehören ebenso dazu wie nicht materielle Dinge wie unsere Gedanken, Gefühle, Energie, Schwingung oder kreative Entwürfe sowie die Energie aller materiellen Dinge. In anderen Worten: Alles ist im Feld der AC enthalten. Nichts geht verloren oder wird übersehen. Das Feld der AC ist die Grundlage und Essenz aller Dinge.

Eine neue Sprache lernen

Ervin Laszlo hat in seinem Buch »Zu Hause im Universum. Die neue Vision der Wirklichkeit« (im

Original: *Science and the Akashic Field*) geschrieben, dass die Akasha-Chronik, von ihm A-Feld genannt, wie die Atome (im chemischen Sinne) unteilbar und ewig ist, aber anders als sie ist die Akasha-Chronik unendlich und alles durchdringend. Akasha erschließt sich durch die wahrgenommene Klangqualität.

Klang ist Schwingung, und du wirst mit der AC auch über Schwingungen kommunizieren. Stell dir zum Beispiel vor, dass du mit neun anderen Menschen in einem Raum sitzt. Jeder spricht eine andere Sprache. Ihr alle hört nun draußen einen Hund bellen. Ihr könnt den Hund nicht sehen, aber ihr könnt ihn bellen hören, weil die Stimmbänder des Hundes Schwingungen aussenden. Diese Schwingungen nehmt ihr mit den Membranen in euren Ohren auf. Eure Ohren leiten diese Schwingungen an das Gehirn weiter. Das Gehirn begreift aufgrund seiner Programmierung oder wegen früherer Erfahrungen, was diese Schwingungen bedeuten. So übersetzt es den Klang in eine Sprache, die ihr versteht. Alle zehn Menschen im Raum nehmen dieselbe Schwingung auf, aber jede Person wird sie in unterschiedliche Worte übersetzen, je nachdem, welche Sprache sie spricht.

Du wirst in diesem Kurs zur Akasha-Chronik eine neue Sprache erlernen. Du wirst lernen, Schwingungen aufzunehmen – in diesem Fall jedoch nicht mithilfe deiner Ohren, sondern durch dein achtes Chakra[3]. Und du wirst diese Schwingungen dann in etwas übersetzen, was du verstehst und womit du arbeiten kannst.

Akasha ist die Essenz,
der Spirit von allem Leben

»Das Weltall reicht weiter als unsere Sicht.«
HENRY DAVID THOREAU

Moderne Heiden[4] glauben, dass Akasha oder Spirit das fünfte Element ist. Eine spirituelle Kraft, aus der die anderen vier Elemente – Erde, Feuer, Luft und Wasser – entstammen. Manche Praktizierende glauben auch, dass Akasha aus der Kombination dieser vier Elemente gebildet wird und dass es in jeder lebenden Kreatur existiert. Ohne Akasha gäbe es dann keinen Spirit und keine Seele.

Was bedeutet das für dich?
Wir können uns die Akasha-Chronik als ein riesiges Gefäß vorstellen, das alles enthält. Es ist

die Matrix, das Netzwerk, in dem sich alle Dinge entfalten, das ein Fundament oder eine Struktur bietet, die allem anderen erlaubt zu existieren. Es kann damit auch die interzelluläre Substanz eines Gewebes gemeint sein, aus der sich eine Struktur entwickelt. Der bereits erwähnte Ervin Laszlo kommt zum Schluss, dass das »Quantenvakuum« das grundlegende Feld ist, das Energie und Information »trägt« und das nicht nur das gegenwärtige Universum »informiert«, sondern auch alle vergangenen und gegenwärtigen. Laszlo beschreibt, wie ein solches Informationsfeld erklären kann, warum unser Universum so unwahrscheinlich fein abgestimmt ist, um Galaxien und bewusste Lebensformen hervorzubringen, und warum die Evolution kein zufälliger, sondern ein »informierter« Prozess ist: »Diese Wellenpakete, die auch das A-Feld genannt werden, speichern nicht nur Informationen des jeweiligen Augenblicks, sondern sie enthalten alle Informationen, jeden Gedanken, jede Handlung, jede Entwicklung, die jemals seit der Existenz dieses Universums stattgefunden hat. Die Akasha-Chronik bildet die bleibenden Aufzeichnungen von allem, was im Rahmen von Raum und Zeit geschieht und jemals geschehen ist.«

Ein Informationsfeld im Zwischenraum zwischen einzelnen Teilchen

Die AC ist die Matrix oder das Gewebe, das alles zusammenhält und das Einheit dort schafft, wo es den Anschein von Getrenntheit gibt. Stell dir das wie ein Spinnennetz vor, in dem alles mit allem verbunden ist. Dieses Feld erstreckt sich überallhin. Es ist flexibel. Es kann mal dichter oder leichter sein und mehr oder weniger nachgeben. Es bewegt sich, passt sich an und reagiert auf bestimmte Informationen und Schwingungen, die es aus seiner Umgebung erhält.

Akasha-Energie gibt es in jedem von uns – in allem, was lebendig ist. Aufgrund unserer Verbundenheit und Vernetzung mit allem Leben sind wir in der Lage, in die Dimension der AC zu gelangen und Informationen über jedes beliebige Thema abzufragen. Wir erschließen uns damit die Essenz des Lebens.

Akasha und frühere Leben

» Wenn man auf sein vergangenes Leben
mit Zufriedenheit zurückblicken kann,
heißt das,
zweimal zu leben.«
LORD ACTON

Akasha ist auch für das Prinzip von Karma von
Bedeutung und dient als ein Speichermedium für
frühere Leben. Die Anthroposophie[5] spricht von
der Reinkarnation des menschlichen Geistes und
meint, dass menschliches Bewusstsein verschie-
dene Stadien der Existenz durchläuft: Es inkarniert in einem menschlichen Körper, lebt auf der
Erde, lässt dann den Körper zurück und geht in
die geistigen Welten ein, bevor es zurückkommt,
um in ein neues Leben auf der Erde geboren zu
werden.

Nach dem Tod des physischen Körpers blickt der menschliche Spirit auf sein vergangenes Leben zurück, nimmt die dort gewesenen Geschehnisse wahr, so wie sie von denen erlebt worden sind, die seine Handlungen zu spüren bekamen. Der Rückblick auf das bisherige Leben geht dann in die Vorbereitung auf das nächste Leben über. Die individuellen karmischen Umstände führen schließlich zu einer Wahl von Eltern, einem bestimmten physischen Körper, Anlagen, Einstellungen und Fähigkeiten – dies alles soll die Herausforderungen und Chancen bieten, welche die Seele für ihre weitere Entwicklung braucht. Dazu zählen auch die karmisch gewählten Aufgaben im künftigen Leben.

Was bedeutet das für dich?

Wenn du dich auf diesen Kurs hier einlässt, dann auch darauf, dass wir mit der Überzeugung arbeiten, dass es Reinkarnation und frühere Leben tatsächlich gibt und dass vergangene Leben für uns und für den Sinn unseres Lebens jetzt wertvolle Informationen enthalten können.

Ich persönlich muss zugeben, dass ich nicht wirklich an das Konzept früherer Leben geglaubt hatte, bis ich über ein Jahr mit der Akasha-Chronik gearbeitet hatte. Die Vorstellung von Karma und vergangenen Leben hatte mich nicht angesprochen und war auch nicht mit meiner katholischen Erziehung in Einklang zu bringen.

Das änderte sich grundlegend, als es in einer Kommunikation mit der AC um mein Verhalten in Bezug auf das Abendessen ging. Ich hatte eine Frage über meinen abendlichen Mangel an Appetit gestellt. Die Akasha-Chronik sagte mir, dass das auf ein früheres Leben zurückging. Während dieses Lebens wurden ich und meine damaligen Geschwister immer sehr früh ins Bett geschickt, weil meine damaligen Eltern nicht genug Essen hatten. Indem wir sehr früh ins Bett gebracht wurden, ersparten unsere Eltern sich und uns den Schmerz darüber, dass wir einfach nicht genug zu essen hatten. Ich erlebte, wie ein Schauer über mich kam, als ich diese Antwort erhielt, denn tief in meinem Herzen wusste ich, dass sie stimmte. Sie erklärte mir meinen Mangel an Appetit am Abend und warum ich gern früh schlafen gehe.

Ich habe inzwischen viele solcher »Aha-Momente« erfahren und auch kein Problem mehr damit, über frühere Leben zu sprechen. Aus der Entdeckung des verborgenen Ursprungs unserer Gewohnheiten, Muster und Glaubensüberzeugungen kann eine Menge an Heilung erwachsen.

Eigenschaften des Herzens

» Das größte Geschenk,
das du anderen geben kannst,
sind bedingungslose Liebe und Annahme. «
BRIAN TRACY

Ein ausgeglichenes und geöffnetes Herzchakra ist das Fundament eines fröhlichen, glücklichen und gesunden Lebens. Ein liebevolles und offenes Herz erlaubt uns, bedingungslose Liebe zu geben und zu empfangen, Mitgefühl zu empfinden, Dankbarkeit und Anerkennung zum Ausdruck zu bringen und zu verzeihen. Unser Herz und unser Herzchakra befinden sich in der Mitte unseres Wesens, unseres Seins. Dieses Chakra reguliert den Energiefluss zwischen Körper und Geist beziehungsweise Spirit. Es bestimmt auch über unsere Gesundheit, unsere Kraft und die Ausgeglichenheit auf der physischen, emotionalen und spirituellen Ebene.

Was bedeutet das für dich?

Zwei Dinge habe ich im Verlauf der Jahre beobachtet, seit ich diesen Unterricht gebe, den du hier über das Buch erhältst. Das erste ist, dass sich Schüler, die bereits ein herzzentriertes Leben führen, mit der Akasha-Chronik auf gelassene und mühelose Weise verbinden. Das zweite ist, dass Schüler, die ein eher mental orientiertes Leben führen, während der ersten Übungen eine enorme Herzöffnung erfahren.

Ich gehöre zur zweiten Gruppe. Bei den ersten paar Malen, als ich meine Akasha-Chronik öffnete, hatte ich starke herzöffnende Erfahrungen. Ich erkannte sofort, dass all die Dinge, über die ich mir Sorgen gemacht hatte – bezüglich meiner Existenz, meines Lebenssinns und -zwecks und meines allgemeinen Wohlbefindens – keine Bedeutung hatten. Das Einzige, worauf es im Leben ankommt, ist die Liebe.

Heute gehören aufgrund des globalen Erwachens mehr und mehr Menschen in die erste Gruppe und führen bereits ein Leben, das auf das Herz abgestimmt ist. Falls du jedoch zur zweiten

Gruppe zählst, solltest du begeistert sein, weil du eine Veränderung erleben wirst, die dein gesamtes Leben umfasst und die man nicht mit Worten beschreiben kann.

Das Gebet,
das den Zugang gewährt

»Beten ist nicht Bitten.
Es ist ein Sehnen der Seele.«
MAHATMA GANDHI

Die Verbindung mit deiner Akasha-Chronik aufzunehmen ist ein absichtsvoller Vorgang. Du musst
fähig sein, deine Energie auf die Ebene des achten
Chakras zu heben und deine Schwingung auf dieser Ebene für die Dauer der Kommunikation auf-
rechtzuerhalten.

Was bedeutet das für dich?
Es klingt schwieriger, als es ist. Den ganzen Tag
über triffst du bewusste Entscheidungen. Du gehst
ans Telefon, um mit einer Freundin zu sprechen,

bereitest ein Essen vor, um den Körper zu nähren, und du setzt dich vor den Fernseher, um dich zu entspannen. Das sind nur einige Beispiele dafür, wie du Dinge mit klarer Absicht tust. Während du Verbindung mit deiner AC aufnimmst, richtest du deine Absicht sehr wahrscheinlich darauf aus, Führung und Antworten zu erhalten, damit du auf deiner Reise durch das Leben besser vorankommst.

Manche haben die Absicht, mehr Frieden zu finden oder sich mit dem Lebenszweck der Seele zu verbinden. Es spielt keine Rolle, was deine Intentionen sind, solange sie aufrichtig sind und mit vollem Bewusstsein geäußert werden.

Das »Akasha-Chronik-Gebet« (ab Seite 79) wird dir dabei helfen, deine Energie auf die Schwingung deiner Akasha-Chronik einzustimmen. Es ist so gestaltet, dass dein Ego ausgeschaltet wird, damit du die Verbindung zu deiner AC über das achte Chakra aufnehmen kannst.

Es wird dir auch dazu dienen, dich an jedem Ort und zu jeder beliebigen Zeit mit deiner AC zu verbinden, ohne dass es zusätzlicher Vorbereitungen oder mystischer Rituale bedarf. Es ist einfach und leicht anzuwenden.

Dieses Gebet hat eine Geschichte, die ich dir gern erzählen möchte. Sie hatte mich zunächst nicht allzu sehr angesprochen, und ich sah keinen großen Sinn darin. Obwohl ich sie in die Ausbildungsunterlagen für meinen Unterricht aufnahm, war mir lange Zeit nicht bewusst, wie viel Wahrheit darin enthalten ist. Aber 2003 erwähnte eine meiner Seminarteilnehmerinnen, dass sie in den frühen 1970er-Jahren in Dallas, Texas, einen Workshop über die Akasha-Chronik besucht hatte. Ihr Lehrer dort war Johnny Prochaska gewesen. Ich war sehr interessiert, als sie mir sagte, dass sie eine seiner ersten Schülerinnen war und immer noch die Seminarunterlagen aus diesen frühen Jahren bei sich hatte, die von Prochaska selbst geschrieben waren. Dies half mir, den mystischen Teil dieser Geschichte zu akzeptieren, und machte es mir auch möglich, die gesamte Bandbreite dieser Lehren anzunehmen: zu vertrauen und ein offenes Herz sowie einen offenen Geist zu pflegen.

Die Geschichte des Gebets nun beginnt in Mexico City mit ebendiesem Mann namens Johnny Prochaska, der damals als Buchhalter in Texas lebte. Während er in Mexico City etwas für seine Arbeit erledigen musste, hatte er eine unerwartete Begegnung. Er ging eines Tages durch die Straßen, als er eine Frau in einem Toreingang stehen sah. Sie hatte das Gesicht einer alten Maya-Frau, die sich seit mehr als drei Jahren in seinen Träumen gemeldet hatte. Als er in ihre Hütte eintrat, sagte sie zu ihm: »So, nun bist du endlich gekommen.« Sie erzählte ihm von »den Alten« ihres Stammes, die das »Wissen von der Zeit« (das wir heute Akasha-Chronik nennen) von den weit entfernten Stern-haufen mitgebracht hatten, die man die Plejaden nennt. Als die Zeit der Maya-Zivilisation auf der Erde zu Ende ging, waren nur einige Individuen übrig, die noch den Schlüssel zu diesen wertvollen Aufzeichnungen hatten, das Wissen bewahrten und es rein und heilig hielten.

Prochaska wurde zu einem alten Tempel geführt, in dem er den Entschluss fasste, sein Leben der Akasha-Chronik zu widmen. In einer Zeremonie, in der er dazu bestimmt wurde, das Gebet zu lehren, empfing er diese heiligen Worte, die die Chronik erschließen und jeden erwecken können, der nach diesem Wissen sucht ...

Das Gebet, das wir heute verwenden, wurde aus der Maya-Sprache ins Spanische und danach ins Englische und Deutsche übersetzt. Prochaska begann in den 1960er-Jahren in den USA, anderen Menschen beizubringen, wie man die Akasha-Chronik sowohl für sich selbst als auch für andere öffnet.

Naturwissenschaft und das Akasha-Feld

*»Als Physiker, also als Mann, der sein ganzes
Leben der nüchternen Wissenschaft,
der Erforschung der Materie diente, bin ich sicher
von dem Verdacht frei, für einen Schwarmgeist
gehalten zu werden. Und so sage ich nach meinen
Erforschungen des Atoms Folgendes:
Es gibt keine Materie an sich.
Alle Materie entsteht und besteht nur durch
eine Kraft, welche die Atomteilchen
in Schwingung bringt und sie zum winzigsten
Sonnensystem des Atoms zusammenhält.
Da es im Weltall aber weder eine intelligente
noch eine ewige (abstrakte) Kraft gibt,
so müssen wir hinter dieser Kraft einen
bewussten intelligenten Geist annehmen.«*

MAX PLANCK

Kann die Naturwissenschaft die Existenz der AC beweisen?

Albert Einstein hat sich darum bemüht, einen wissenschaftlichen Beweis für die Existenz des »Einheits-Feldes« zu finden. Er glaubte, dass zwischen den kleinsten Partikeln und Atomen Raum existierte, und das nannte er »vierdimensionales Raum-Zeit-Kontinuum«. Leider konnte er seine Forschungen nicht zu Ende bringen, aber er sagte: »Ich will nur Gottes Gedanken kennen, alles andere sind Nebensächlichkeiten.«

Heute weiß man, dass der Raum zwischen den kleinsten Teilchen unseres Universums nicht leer ist. Er ist ein Gewebe oder in sich verbundenes Feld von Information, das jedes Atom mit allen anderen vernetzt. Es existiert überall. Ein Informationsfeld, das alles miteinander verbindet: das Akasha-Feld.

Dieses Feld ist das kollektive Gedächtnis des Universums, und es steht ständig auf allen Ebenen im Austausch mit der Materie. Alles, was existiert, stammt aus diesem Quantenfeld, das die Quelle und die Grundlage von allem darstellt, was unsere physische Realität bewohnt.

Ervin Laszlo sagt in seinem Buch »Zu Hause im Universum«: »Obwohl sie als fest erscheint, ist Materie letzten Endes doch Energie, die in quantengleichen Wellenpaketen gebunden ist. Diese Pakete werden weiter so miteinander verknüpft, dass sie gemeinsam die riesige und harmonische Architektur bilden, welche die Welt ausmacht. Diese Wellenpakete, die man auch das ‚A-Feld‘ nennt, speichern nicht nur die Informationen des gegenwärtigen Augenblicks, sondern sie enthalten die gesamte Information all dessen, jedes Gedankens, jeder Handlung und jeder Entwicklung, die je seit der Entstehung des Universums geschehen sind. Die Akasha-Chronik ist eine fortdauernde Aufzeichnung von allem, was in Raum und Zeit passiert und jemals passiert ist. Ein Feld von Information im Zwischenraum der Teilchen.«

Gregg Braden spricht über dieses Feld, das die ganze Schöpfung durchdringt, in seinem Hörbuch *Awakening the Power of a Modern God*: »Zwischen 1993 und 2000 haben Wissenschaftler die Existenz eines Energiefelds dokumentiert, das auf dreierlei Weise beschrieben wird. Das Feld ist überall und immer präsent. Das Feld existiert von allem Anfang an, von dem Zeitpunkt an, den wir in der Physik den Urknall nennen. Das Feld besitzt eine Intelligenz; es reagiert auf sehr spezifische Eigenschaften menschlicher Gefühle. Dieses Feld betrachtet man heute als eine Verbindung, als einen Kanal. Dieses Feld transportiert alles, was wir innerlich erfahren, in die Welt jenseits unserer Körper.«

Was bedeutet das für dich?

Der Zugang zur Akasha-Chronik ist weder Teil eines Glaubensmusters noch von irgendeinem System abhängig. Vielmehr ist es eine Befähigung, die du erwerben kannst. Es spielt dabei keine Rolle, ob du genau verstehst, wie das funktioniert, solange du bereit bist, diese Fertigkeit zu erlernen. Genauso wie wir alle unter der Wirkung des Schwerkraftgesetzes stehen, auch wenn wir nicht richtig begreifen, wie sie funktioniert, besitzen wir alle die Fähigkeit, uns mit unserer eigenen Akasha-Chronik zu verbinden, ohne dass wir die wissenschaftlichen Einzelheiten verstehen müssen. Es ist unser Geburtsrecht, die Akasha-Chronik zu nutzen.

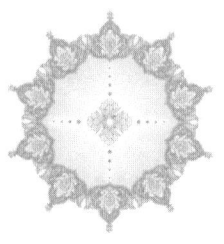

Zukunftsinformationen in der Akasha-Chronik

»Der Unterschied zwischen Vergangenheit,
Gegenwart und Zukunft
ist für uns Wissenschaftler eine Illusion,
wenn auch eine hartnäckige.«
ALBERT EINSTEIN

Können wir mit der AC die Zukunft vorhersagen?

Die Akasha-Chronik ist ein Mittel zur Bewusstseinsentwicklung. Die Aufzeichnungen helfen uns, unseren Seelenauftrag zum Ausdruck zu bringen, anstatt uns allein mit unseren weltlichen und alltäglichen Erfahrungen aufzuhalten. Vom Blickpunkt der AC spielt es wirklich keine Rolle, ob wir uns entscheiden, einen Uniabschluss zu erlangen, oder als Sachbearbeiter unseren Unterhalt verdienen. Worauf es wirklich ankommt, ist, wie wir uns im Hinblick auf unsere Entscheidungen entwickeln. Unsere AC kann uns helfen, die besten Entscheidungen zu treffen – in Beziehungen, bezüglich der Anforderungen im Beruf oder auf jedem anderen Gebiet. Die Zukunft ist nicht in Stein gemeißelt. Es wird immer den freien Willen geben – und zugleich auch etwas Geheimnisvolles im Leben.

Immer wenn ich meine eigene Chronik bezüglich künftiger Ereignisse oder Ziele konsultiere, stelle ich meine Frage gern »rückwärts«. Nehmen wir an, dass ich in zwei Monaten eine berufliche Veranstaltung organisieren möchte. Dann formuliere ich meine Frage auf diese Weise: »Was muss ich heute wissen und beachten, um in zwei Monaten eine erfolgreiche Veranstaltung zu haben?« Eine andere Art zu fragen könnte sein: »Gibt es etwas, was ich loslassen muss, um ganz auf eine erfolgreiche Veranstaltung in zwei Monaten eingestellt zu sein?«

Die Fragen so zu formulieren projiziert unsere Macht nicht hinaus in die Zukunft, über die wir ja keine Macht haben. Stattdessen richten wir uns auf die Gegenwart aus, in der all unsere Macht existiert. Wir übernehmen zugleich Verantwortung für unsere Macht, das angestrebte Resultat kreativ mitzugestalten, anstatt zu erwarten, dass sich eine äußere Macht schon um alles kümmern wird. Beim Zugang zur Akasha-Chronik geht es immer darum, ganz im Hier und Jetzt zu sein und die Verantwortung für die eigene Macht zu übernehmen, um so die eigene Wirklichkeit zu erschaffen und zu manifestieren.

Möglichkeiten in der Zukunft

Jede Vorhersage, welche die Akasha-Chronik dir für die Zukunft gibt, beruht auf der energetischen Schwingung, die du hast, während du die Frage stellst. Wenn sich deine Energie verändert, wird sich auch das Potenzial des künftigen Resultats entsprechend verändern. Veränderung kann sich hier auf neue Einsichten beziehen, die du im Hinblick auf das Thema gewinnst. Vielleicht lässt du auch alten Groll und Ablehnung los, erlebst Heilung oder kannst möglicherweise auch einfach die Kontrolle loslassen und neue Zuversicht finden.

Die Arbeit mit der Akasha-Chronik soll eine heilsame Veränderung in deinem Wesen bewirken. Daher wird die Zukunft immer eine Verbesserung gegenüber der Vergangenheit sein. Ich möchte das noch einmal anders erklären: Stell dir dieses Universum als einen riesigen Spiegel vor, der dir alles so reflektiert, wie du es aussendest. Wenn deine Energie voller Zorn und Widerwillen ist, wird dir dieser riesige Spiegel mehr Erfahrungen anbieten, die Zorn und Ablehnung erschaffen. Sobald du in deiner Energie aber eine positive Verlagerung oder Verschiebung erreichst, wird dir der Spiegel des Universums ein neues Bild zeigen, das eine bessere und freudigere Zukunft für dich erschafft.

Oft berichten mir Klienten, dass das Haus, das sie gerade gekauft haben, ganz genauso aussieht wie das Haus, das ihnen bei ihrer Konsultation der Akasha-Chronik beschrieben wurde, oder dass sie soeben jemanden geheiratet haben, der oder die genau so ist, wie es in ihrem Reading vorausgesagt wurde. Andere haben den Jahresendbonus erhalten, den ihre Meister und Lehrer in der AC ihnen versprochen hatten. Ich bin überzeugt, dass all diese Klienten während ihres AC-Readings eine heilsame Energieverlagerung erfahren hatten. Aufgrund dieser Veränderung konnten sie ihre Ängste, Sorgen und negativen Muster loslassen. Und das wiederum schuf den Raum für das »Zukunftspotenzial«, das sich nun in ihrem Leben manifestiert hatte.

Wer ist in der
Akasha-Chronik präsent?

»Für schöne Lippen sprich freundliche Worte.
Für schöne Augen suche das Gute
in den Menschen und für eine gute Haltung
geh mit dem Wissen,
dass du niemals allein bist.«
AUDREY HEPBURN

Wenn wir Zutritt zu unserer Akasha-Chronik erhalten möchten, richten wir unsere Intentionen an
unsere Meister, Lehrer und »Lieben«, also verstorbene Vorfahren. Die Meister und Lehrer sind Wesen mit einer sehr hohen und reinen Schwingungsenergie. Sie sind nicht auf eine bestimmte Religion
oder auf unser Planetensystem beschränkt. Sie ver-
körpern eine hohe und klare Schwingung. Manche

von ihnen haben sich früher einmal in menschlicher Gestalt inkarniert, wie Jesus, Maria, Sai Baba und Buddha. Andere, wie die Engel und Erzengel, kommen aus einer anderen Sphäre hinzu. Im Allgemeinen kommunizieren die Meister und Lehrer mit uns als eine einheitliche oder ganzheitliche Energie, anstatt nur als Jesus oder nur als Engel zu erscheinen.

Ich habe es bisher nicht erlebt, dass mir nur ein einziger Meister eine Botschaft übermittelt hat, vor allem wohl deshalb, weil ich völlig offen bin, jeder göttlichen Quelle vertraue und nicht an einer bestimmten irdischen Form oder Gestalt der Lehrer hänge. Ich schätze einfach deren göttliche Energie. Ich habe zum Beispiel erlebt, dass sich während eines Readings Mutter Maria, Jesus und Sai Baba gezeigt haben, um mit einem Klienten zu kommunizieren. Das lag nun nicht daran, dass einer von ihnen eine spezielle Botschaft für den Klienten hatte, die nur er oder sie hätte übermitteln können. Eher sortiert es sich danach, welcher Meister für den jeweiligen Klienten von ganz besonderer Bedeutung ist. Klienten fühlen sich mit der Energie bestimmter Meister besonders verbunden. Dann spüren sie Vertrauen und erleben während dieser Verbindung eine Herzöffnung.

Die Akasha-Chronik bietet uns aber auch die Gelegenheit, mit unseren lieben Ahnen zu kommunizieren, sobald sie sich transformiert und auf eine höhere Schwingungsebene entwickelt haben. Sie lieben es, zu uns zu sprechen, Missverständnisse aufzulösen, die wir vielleicht mit uns herumtragen, und uns bei unseren Mühen im Leben zu helfen, weil sie die begrenzte Wahrnehmung hinter sich gelassen haben, die menschliche Wesen einschränkt.

Mit der AC arbeiten wir daran, unsere Energie zu verlagern, indem wir die Ursachen eines Themas oder einer Herausforderung offenbaren und beseitigen. So können wir Heilung auf allen Ebenen erlangen und ein harmonisches Leben für uns und andere erschaffen. Unsere verstorbenen Lieben können uns sehr dabei helfen, alte Vorbehalte und Groll aufzulösen und zu vergeben, damit wir ein friedvolleres und harmonischeres Leben führen können.

Die Hüter der Akasha-Chronik

Die »Lords« oder Hüter der Akasha-Chronik sind Wächter und Torhüter der Akasha-Chronik. Sie sind sozusagen die Sicherheitsbeamten, die entscheiden, ob jemand Zutritt zur AC bekommt und welche Art von Informationen ihm enthüllt werden. Sie sind die Beschützer und Bewahrer des Akasha-Felds und schätzen ein, ob wir allen Erfordernissen gerecht werden, um Informationen zu erhalten, oder nicht und ob unsere Absichten aufrichtig sind.

Ich hatte die Bedeutung der Hüter der Akasha-Chronik zwar nie bezweifelt, ihren Dienst aber auch nie richtig geschätzt. Das änderte sich, als ich eine Dame aus Sedona, Arizona, traf, die bereits mehrere Jahrzehnte hindurch auf ihre eigene Weise erfolgreich einen Zugang zur Akasha-Chronik nutzte. Als wir uns näher kennenlernten, unterhielten wir uns auch über ihre Erfahrungen mit der AC, und sie erwähnte, dass sie es nicht mochte, vor dem Tor darauf warten zu müssen, dass die Hüter ihr die erbetene Information brachten.

Ich war verblüfft. Denn ich hatte bis dahin viele Male erlebt, dass sich das Tor zu meiner AC öffnete, ohne dass ich je davor hätte warten müssen. Sie war hingegen überrascht, als ich ihr erzählte, dass ich immer direkt mit den Meistern und Lehrern sprach. Es war ihr nie eingefallen, dass dies überhaupt eine Möglichkeit sein könnte. Ich spürte ein plötzliches Aufwallen von Liebe und Wertschätzung in mir und dankte den Hütern der Akasha-Chronik aus tiefstem Herzen dafür, dass sie mir einen direkten Zugang zu den Meistern und Lehrern gewährten.

Erdung in deiner
spirituellen Arbeit

*»Einfach nach Hause gehen
und Zeit mit deiner Familie
und deinen echten Freunden verbringen,
das wird dich erden.«*
JENNIFER ELLISON

Erdung vor dem Einstieg
in die Akasha-Chronik

Um geerdet zu sein, während du deine Akasha-Chronik erschließt, solltest du aufrecht auf einem Stuhl sitzen. Sitze nicht in der Lotoshaltung oder auf dem Boden. Die meisten Menschen erfahren es nicht als hilfreich, in dieser Meditationspose zu sitzen.

Stell beide Füße flach auf den Boden. Halte beide Augen offen, während du den Zugang zur

AC bekommst. Denn wenn du die Augen schließt, kannst du dich leicht in der starken Energie verlieren und dabei deine Intention und deinen Fokus schwächen.

Schau nach oben, wenn du Zugang zu deiner Akasha-Chronik hast. Die Energie der Meister und Lehrer findet man nicht am Boden oder unter dem Tisch. Richte deine Aufmerksamkeit nach oben, oberhalb deiner selbst, auf einen ruhigen Punkt an der Wand oder an der Decke.

Warum ist es so wichtig, geerdet zu sein?

Ein geerdeter Mensch erlebt Ausgleich und Festigkeit in seiner physischen und emotionalen Persönlichkeit. Eine geerdete Person kann erfolgreich in der Welt der fünf Sinne »funktionieren«. Durch die Erdung erlebt sie ihre eigenen inneren Heilfähigkeiten auf der körperlichen und geistigen Ebene. Ein geerdeter Mensch fühlt sich friedvoll im Leben und erfährt einen gesunden Energiefluss in allen Chakras. Wenn wir in der rechten Weise geerdet sind, erlaubt uns das, höhere spirituelle Ebenen zu erreichen, zum Beispiel die Akasha-Chronik.

Wenn du nicht geerdet bist, fühlst du dich angespannt oder verspannt, nervös, aus dem Gleichgewicht, leicht abgelenkt, zerstreut und unwirklich. Du hast dann meistens entweder zu viel oder zu wenig Energie, und du neigst dazu, an Problemen und Emotionen festzuhalten.

Techniken, um sich zu erden

Hier sind einige Möglichkeiten, um dich zu erden:

- Iss gesunde, natürliche Lebensmittel.
- Trinke Wasser.
- Geh spazieren oder wandere hinaus in die Natur.
- Übe einen Sport aus oder Yoga, Tai-Chi oder Ähnliches.
- Arbeite im Garten.
- Geh barfuß umher.
- Singe.

Praktisch alles, was dein erstes und zweites Chakra in Ausgleich und Harmonie bringt, wird dich erden.

TEIL 2

Anleitungen, um deine eigene Akasha-Chronik zu öffnen

*»Ein Mensch sollte sich durch die Anweisungen
eines Lehrers verändern
und durch rituelle Prinzipien geführt werden.«*
XUNZI

Die folgenden Hinweise werden dich dabei unterstützen, deine eigene Akasha-Chronik erfolgreich zu nutzen, indem sie dir eine notwendige Grundlage dafür geben.

- Halte deine Augen nur selten geschlossen, wenn überhaupt. Wir arbeiten mit einem ganz wachen Bewusstsein. Sei deshalb achtsam, an welchen Ort du dich hinsetzt, um mit der AC zu arbeiten.

Wenn du deine Augen offen hältst, hilft dir das, deinen Fokus auf deine Meister und Lehrer gerichtet zu halten. Du wirst eine stärkere Verbindung spüren und in diesem Prozess geerdet bleiben.

- Such dir anfangs einen stillen und friedvollen Platz, um dich mit der AC zu verbinden. Wenn du mehr Erfahrung damit erlangt hast, kannst du deine Akasha-Chronik überall und jederzeit öffnen. Es ist wie beim Gewichtheben: Du fängst leicht und klein an, und wenn du dann stärker geworden bist, kannst du dich schwierigeren Aufgaben stellen.

- Fahre nicht Auto, während deine Akasha-Chronik offen ist. Sei und bleibe wach und respektvoll gegenüber deiner Umgebung und deiner Umwelt, wenn du Zugang zur AC hast. Es ist nicht sicher, Auto zu fahren, solange deine AC offen ist, weil sich die Aufzeichnungen auf dein Energiefeld auswirken und deine Reaktionszeit vermindern können.

- Das Gebet, das du im Folgenden erhalten wirst, ist heilig. Dieses Gebet ist dem Zweck geweiht, dir dabei zu helfen, deine Göttlichkeit in dein Leben zu integrieren. Bitte geh in

Ehrfurcht damit um und nimm es ernst. Bewahre es mit Achtung und Dankbarkeit in deinem Herzen.

- Nimm in den vierundzwanzig Stunden, bevor du deine AC öffnest, *keinerlei* psychedelische Drogen oder Alkohol zur dir. Ärztlich verordnete Medikamente sind okay. Drogen und Alkohol wirken sich auf dein Energiefeld aus. Es würde dir unter ihrem Einfluss schwerer fallen, deine Energie auf die Ebene des achten Chakras zu heben, von wo aus du die Verbindung mit der Akasha-Chronik herstellst.

- Verwende deinen offiziellen, rechtsgültigen Namen, um die AC zu öffnen. Im Allgemeinen ist das der Name in Pass, Personalausweis oder Führerschein. Dein Name und das Akasha-Chronik-Gebet zusammen werden dir den Zugang zur Chronik gewähren.

- *Lies* das Gebet immer ab, wenn du deine AC öffnest. Es ist eine Aufgabe des Akasha-Chronik-Gebets, unser Ego zu umgehen. Unser Gehirn funktioniert anders, wenn wir etwas lesen, als wenn wir versuchen, uns etwas aus dem Gedächtnis in Erinnerung zu rufen. Das Gebet zu lesen unterstützt dich dabei, die Verbindung von der physischen in die metaphysische Ebene herzustellen. Außerdem hilft es dir dabei, geerdet zu bleiben, während du deine Energie anhebst, um Zutritt zu deiner AC zu erlangen.

- Setze deine Urteilskraft und den gesunden Menschenverstand ein, wenn du entscheidest, wie lange du in den Aufzeichnungen verweilen möchtest. Man muss die Fähigkeit, diese Energie zu erleben und zu halten, mit der Zeit erst einmal aufbauen und ausbauen.
Bleib während der ersten Übungen so lange in deiner Akasha-Chronik, wie es dir angenehm ist. Anders gesagt: Du bekommst die besten Ergebnisse und die klarste Information, wenn du die Sitzung beendest, bevor du müde wirst.
Im Laufe der Jahre habe ich beobachtet, dass die Schüler dann mehr dazu neigen, ihre Botschaften anzuzweifeln, wenn sie ihre Besuche in der Akasha-Chronik zeitlich zu lange ausdehnen. Wenn du einmal an die Energie gewöhnt bist, kannst du so lange in den Aufzeichnungen verweilen, wie du magst. Achte also auf deine eigene Energie.

- Erde dich jedes Mal, nachdem du in der AC warst. Beim Erden geht es darum, dass du dir deines körperlichen Seins ganz bewusst bist, während du mit deiner spirituellen Seite verbunden bleibst. Lies über die verschiedenen Methoden zur Erdung weiter vorn im Buch noch einmal nach.

- Reagiere auf alle Informationen und Erfahrungen, während deine Aufzeichnungen offen sind. Lass alle Erwartungen und Vorstellungen los, die du vielleicht im Hinblick auf die Antworten hegst, deretwegen du die Akasha-Chronik aufsuchst. Hab einen offenen Geist und ein offenes Herz und sei bereit, mit dem umzugehen und zu arbeiten, was du als Antwort auf deine Frage empfängst.
Oft wirst du keine Ahnung haben, was mit den Antworten gemeint ist. Du wirst der Führung dennoch blind folgen müssen, bis sich die Botschaft voll offenbart – im Verlauf der Sitzung oder manchmal auch erst später.

Ich möchte dir ein Beispiel dafür geben, was blindes Befolgen einer Anleitung bedeutet. Während einer Übungssitzung gaben mehrere meiner Praktikanten einer Klientin ein Reading. Sie befragten also die AC, um der Frau zu helfen. Keiner der Praktikanten kannte die Klientin und ihre Geschichte. Sie hatte Drillinge, und alle drei waren körperlich und geistig stark behindert. Die Klientin hatte folgende Frage: »Wie kann ich meinem mittleren Sohn helfen?«

Ich hielt mich absichtlich im Hintergrund, um die Praktikanten und die Klientin zu beobachten und zu begleiten. Die Praktikanten bemühten sich offensichtlich sehr zu verstehen, was ihre Meister und Lehrer ihnen sagten. Schließlich wurde ich durch die Akasha-Chronik gebeten, den Praktikanten zu helfen. Als ich mich einbrachte, hieß es aus der Akasha-Chronik: »Wiederholt nur, was wir sagen, und gebt das weiter! Versucht nicht zu verstehen, was die Meister und Lehrer euch gerade übermitteln. Teilt der Klientin einfach mit, was ihr in der Chronik hört. Wenn wir euch sagen würden, dass all diese Bäume rot wären und violette Blätter mit weißen Streifen hätten, dann wären das exakt die Worte, die ihr der Klientin weitergeben solltet.«

Nachdem sie das gehört hatten, öffneten sich die Praktikanten viel mehr für die Klientin und gaben ihr die wundervollsten Botschaften und Ratschläge für den Umgang mit ihren Söhnen weiter, die man sich nur hätte vorstellen können. Die Frau konnte all das, was ihnen unverständlich war, sehr gut einordnen und nutzen. Sie hatten die Gabe des Vertrauens angenommen und gelernt, Anleitungen blindlings zu folgen.

Ich habe übrigens vielfach schon festgestellt, dass Ausdrucksweisen oder Grammatikalisches den Meistern und Lehrern nicht sehr wichtig sind. Bei den Botschaften geht es darum, im Ratsuchenden eine veränderte Schwingung zu bewirken. Mach dir also nicht selbst das Leben schwer und verurteile dich nicht, wenn deine Sprachfähigkeiten unvollkommen sind, während du Aussagen aus der AC für dich aufschreibst oder an andere weitergibst.

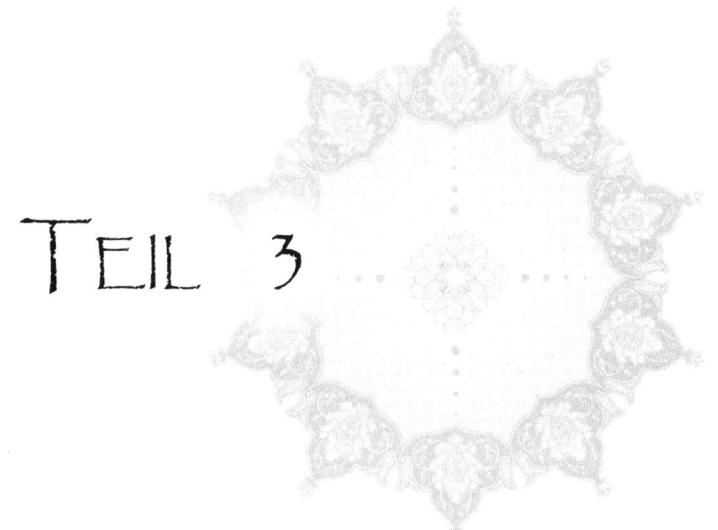

TEIL 3

Das Gebet
für die Akasha-Chronik

Ich bitte Gott, __MICH__ immerwährend
mit seiner Liebe und Wahrheit
schützend zu umgeben,
damit zwischen euch und mir nur
Gottes Liebe und Wahrheit besteht.

Ich erlaube den Meistern,
Lehrern und Vorfahren von __MIR__,
die Botschaften, die sie möchten,
von welcher Quelle auch immer sie sein mögen,
durch mich zu überbringen.

Anleitung für das
Akasha-Chronik-Gebet

Um Zugang zu deiner eigenen Akasha-Chronik
zu erhalten, sage das ganze Gebet einmal laut, so
wie es geschrieben steht. Danach wiederholst du

es zweimal still und verwendest dabei deinen vollständigen Namen (Vorname, gegebenenfalls Mittelnamen und Nachname, so wie sie im Pass stehen) dort, wo »mich« und »mir« im Gebet stehen.

Der gesamte Ablauf
1. Lies laut vor, genau wie es geschrieben steht:

Ich bitte Gott, MICH immerwährend
mit seiner Liebe und Wahrheit
schützend zu umgeben,
damit zwischen euch und mir nur
Gottes Liebe und Wahrheit besteht.

Ich erlaube den Meistern, Lehrern und
Vorfahren von MIR,
die Botschaften, die sie möchten,
von welcher Quelle auch immer sie sein mögen,
durch mich zu überbringen.

2. Lies schweigend und ersetze »mich« und »mir« durch deinen offiziellen Namen:

Ich bitte Gott, ... *(deinen vollen Namen einsetzen)* immerwährend mit seiner Liebe und Wahrheit
schützend zu umgeben,
damit zwischen euch und mir nur

Gottes Liebe und Wahrheit besteht.

Ich erlaube den Meistern, Lehrern und
Vorfahren von ... *(deinen vollen Namen
einsetzen),*
die Botschaften, die sie möchten,
von welcher Quelle auch immer sie sein mögen,
durch mich zu überbringen.

2. Lies noch einmal schweigend und ersetze »mich«
und »mir« durch deinen offiziellen Namen:

Ich bitte Gott, ... *(deinen vollen Namen
einsetzen)* immerwährend mit seiner Liebe und
Wahrheit
schützend zu umgeben,
damit zwischen euch und mir nur
Gottes Liebe und Wahrheit besteht.

Ich erlaube den Meistern, Lehrern und
Vorfahren von ... *(deinen vollen Namen
einsetzen),*
die Botschaften, die sie möchten,
von welcher Quelle auch immer sie sein mögen,
durch mich zu überbringen.

Du verwendest deinen Namen also viermal, wobei
er jedoch niemals laut ausgesprochen wird.

Kopiere diese Seite oder schneide sie aus, damit du sie immer zur Hand hast, wenn du Zutritt zu deiner Akasha-Chronik erhalten möchtest. Denn du sollst das Gebet immer ablesen, nicht auswendig aufsagen.

Ich bitte Gott, **MICH** immerwährend
mit seiner Liebe und Wahrheit
schützend zu umgeben,
damit zwischen euch und mir nur
Gottes Liebe und Wahrheit besteht.

Ich erlaube den Meistern,
Lehrern und Vorfahren von **MIR**,
die Botschaften, die sie möchten,
von welcher Quelle auch immer sie sein mögen,
durch mich zu überbringen.

Anleitung,
um die Akasha-Chronik
wieder zu schließen

»Ich danke dir,
ich liebe dich.«
GABRIELLE ORR

Du schließt die AC, indem du dich bei deinen Meistern, Lehrern und Ahnen für ihre Informationen bedankst und laut sagst: »Amen, Amen, Amen«. Du sagst es, bis du spüren kannst, dass die AC wieder geschlossen ist.

Ich persönlich verwende allerdings eine weniger traditionelle Formel, um meine Akasha-Chronik zu schließen. Mit der Erlaubnis meiner Meister und Lehrer beende ich die Sitzung heute mit den Worten: »Ich liebe euch, danke, danke, danke.«

Das fühlt sich für mich stimmiger an als die über-lieferte Art und Weise.

Für die Übungen, die im nächsten Abschnitt beginnen, halte bitte einen Stift und Papier bereit. Ich ermuntere dich, deine Antworten aus der AC aufzuschreiben, denn du wirst dich sonst nicht an alles erinnern können, was du von deinen Meistern und Lehrern erhältst. Außerdem ist es gut, wenn du dir sicher sein kannst, dass die Antworten, die du bekommst, wirklich aus deiner Akasha-Chro-nik stammen. Beantworte also bitte alle deine Fra-gen schriftlich.

Blättere im Buch nicht vor. Folge den Kapiteln Seite für Seite und vertraue darauf, dass dieser Ab-lauf ausdrücklich mit göttlicher Intention geplant wurde. Also bitte keine »Abkürzungen«. Vertraue dem Prozess. Du bist es wert, diese Gabe zu erhal-ten, und ich setze mich dafür ein, sie dir bestmög-lich zu präsentieren.

Während der ersten Übungen wird sich deine Energie auf die Schwingung deines achten Cha-kras einstimmen, egal wo sie derzeit im Körper ist. Im achten Chakra nimmst du die Verbindung mit deinen Meistern und Lehrern in deiner Akasha-Chronik auf. Da die Energie jedes Menschen auf einer ganz einzigartigen Ebene schwingt, können wir uns nie mit anderen vergleichen. Es geht hier um eine wahrhaft individuelle Reise für jeden einzelnen Menschen. Sei also liebenswürdig mit dir, geh sanft mit dir selbst um. Sei geduldig und freue dich am natürlichen Verlauf des Prozesses.

Noch ein letzter Hinweis: Führe die ersten drei Übungen in einer Sitzung durch, damit deine Energie zusammengehalten wird und besser fokussiert bleibt.

TEIL 4

Übung 1

*»Ich will nur Gottes Gedanken kennen,
alles andere sind Nebensächlichkeiten.«*
ALBERT EINSTEIN

Diese erste Übung zeigt auf eine sanfte Art und Weise, wie du die Energie der Akasha-Chronik in deinem Leben herbeirufst.

Schritt 1
Öffne deine Akasha-Chronik mit dem Gebet.

Schritt 2
Nimm dir fünf bis zehn Minuten Zeit für diesen Schritt.

Achte auf alle Empfindungen, die du im Körper erlebst.

Spürst du etwas mehr Wärme oder ein Kribbeln in deinem

Körper?

Hörst du Stimmen?

Siehst du Bilder?

Wie fühlst du dich emotional?

Achte sorgsam auf alles, was auch immer du erfährst.

Versuche nicht, irgendetwas zu bewirken oder zu erzwingen.

Schritt 3
Schreib deine Erfahrungen und Empfindungen auf.

Schritt 4
Schließe deine Akasha-Chronik.

Übung 2

» Wir streben nach vorn und öffnen neue Türen
und machen neue Dinge einfach nur deshalb,
weil wir neugierig sind.«
WALT DISNEY

Schritt 1
Öffne deine Akasha-Chronik mit dem Gebet.

Schritt 2
Stell die folgenden Fragen:
- Ist meine Akasha-Chronik geöffnet?
- Meister und Lehrer, könnt ihr mir bitte ein Zeichen dafür geben, dass ich in meiner Akasha-Chronik bin?

Schritt 3
Schreib deine Erfahrungen nieder. Schreib alles auf, was

dir jetzt durch den Sinn geht. Denke daran, das Erfahrene weder nach Ursprung noch nach Inhalt zu bewerten. Begib dich einfach in den Fluss dessen, was geschieht, und schreib auf, was dir in den Sinn kommt.

Achte auf alle körperlichen Empfindungen. Fühlst du mehr Energie in Kopf, Nacken und Schultergürtel? Für mich fühlt es sich an, als ob jemand ein Kissen aus Zuckerwatte auf meinen Kopf legt. Leicht und schwer zugleich, aber nie unangenehm.

Hörst du eine Stimme oder mehrere Stimmen?

Siehst du Bilder?

Wie fühlst du dich emotional?

Vergiss nicht, über alles Notizen zu machen, solange deine Akasha-Chronik offen ist.

Schritt 4
Schließe deine Akasha-Chronik.

Übung 3

»Deine Aufgabe besteht nicht darin,
nach Liebe zu suchen,
sondern alle Hindernisse in dir selbst
aufzuspüren, die du dagegen aufgebaut hast.«
RUMI

Schritt 1
Öffne deine Akasha-Chronik mit dem Gebet.

Schritt 2
Stell die folgenden Fragen:
- Ist meine Akasha-Chronik geöffnet?
- Meister und Lehrer, was ist für mich in dieser Zeit in meinem Leben am wichtigsten zu wissen?

Schritt 3
Halte deine Erfahrungen schriftlich fest. Wie bei der

Übung zuvor schreibst du alles auf, was dir durch den Sinn geht. Denke daran, das Erfahrene weder nach Ursprung noch nach Inhalt zu bewerten. Begib dich einfach in den Fluss dessen, was geschieht, und schreib auf, was dir in den Sinn kommt.

Atme durch dein Herzchakra ein und aus.

Achte auf alle körperlichen Empfindungen. Fühlst du mehr Energie in Kopf, Nacken und Schultergürtel?

Hörst du eine oder mehrere Stimmen?

Siehst du Bilder?

Wie fühlst du dich emotional?

Denke daran, alles aufzuschreiben, noch während deine Akasha-Chronik offen ist.

Schritt 4
Schließe deine Akasha-Chronik.

Wenn du dies getan hast, lies die Antworten erneut durch und fühle, ob du ihre Energie spüren kannst.

Dann vergleiche die Antworten, die du jetzt gerade empfangen hast, mit den Antworten, die du bei der allerersten Übung in diesem Buch schriftlich festgehalten hast (Seite 34). Du wirst feststellen, dass es ganz genau dieselbe Frage ist.

Wie aber hat sich deine Antwort verändert? Kannst du einen Unterschied zwischen der Antwort auf die allererste Übung und die Antwort jetzt bemerken? Die erste Antwort (von Seite 34) ist deine Antwort und die zweite Antwort (von gerade eben) ist die Antwort, die dir deine Akasha-Chronik gegeben hat.

Haben sich die persönlichen Fürwörter verändert, wie »ich«, »mir«, »du«, »wir« und so fort? Die Fürwörter in der ersten Antwort sind meistens »ich« und »mir«. Die Fürwörter in der zweiten Antwort sind »du« und »wir«, weil die Akasha-Chronik zu dir spricht und dir Rat anbietet.

Hat sich die Qualität der Antwort geändert? Viele schreiben zur Frage bei der Übung vorn andere Fragen auf wie: »Bin ich auf dem richtigen Lebensweg?« oder »Wohin geht es als Nächstes?« oder »Was ist meine Seelenaufgabe?« Bei der Antwort hier in der späteren Übung erhalten sie dann meist Antworten auf genau diese vorher notierten Fragen. Bitte beachte, dass die beiden Übungen hier und weiter vorn im Buch auf Seite 34 genau gleich sind. Der einzige Unterschied besteht darin, dass jetzt beim zweiten Mal dein Zugang zur Akasha-Chronik offen war.

Das verändert oft auch den Inhalt der Antworten. Die Antworten auf die erste Frage haben meistens mit Sorgen und Befürchtungen zu tun, während die Antwort beim zweiten Mal voller Liebe, Führung und Ermunterung daherkommt. Das ist ein großer Unterschied.

Hat sich auch die Sprache verändert? Bei der früheren Frage schreiben wir unsere Antworten oft so nieder, wie wir normalerweise reden. Sei nicht erstaunt, wenn die Sprache bei der späteren Antwort kultivierter und formeller ausfällt.

Nun zur Energie der Aussagen: Viele meiner Schülerinnen und Schüler sind ganz bewegt, wenn sie die zweite Antwort empfangen, und behandeln die Antwort beim ersten Mal hingegen als eine normale, sachliche Angelegenheit und versuchen, die Übung perfekt hinzukriegen.

Übung 4

» Wenn Worte unklar werden,
werde ich mich
auf Bilder konzentrieren.
Wenn Bilder nicht mehr ausreichen,
werde ich mich
mit Schweigen begnügen.«

ANSEL ADAMS

Mit Bildern arbeiten

Diese Übung dient dazu, dass du lernst, wie du Bilder in der Akasha-Chronik sehen und über sie mit deinen Meistern und Lehrern kommunizieren kannst. Fühle dich frei, eine Menge an Fragen zu stellen, bis du die Bedeutung eines Bildes, das du empfängst, voll und ganz verstehst.

Stell dir vor, dass du eine Fernbedienung in deiner Hand hältst, die es dir möglich macht, in die

Erfahrungen hinein- und aus ihnen herauszuzoomen. Du kannst das Bild schärfer werden lassen, Farben hinzufügen oder sie schwarz-weiß gestalten – alles, was du brauchst, um die Botschaft zu verstehen.

Bilder sind ein wichtiger Bestandteil unserer Kommunikation mit der Akasha-Chronik. Wenn wir während unseres Austauschs mit der AC Bilder empfangen, müssen wir darauf achten, dass wir sie nicht ganz allein selbst interpretieren. Vielmehr sollten wir unsere Meister und Lehrer nach ihrer Bedeutung fragen.

Du siehst zum Beispiel eine Rose, während du in deiner AC bist. Das bedeutet jedoch nicht, dass du davon ausgehen kannst, dass damit eine Romanze gemeint ist. Frage bitte immer nach der genauen Bedeutung des Bildes. Meine Meister und Lehrer haben mir einmal eine Rose für eine Klientin gezeigt. Sie wollte das als Zeichen dafür ansehen, dass ihr damaliger Partner der perfekte Liebhaber und Mann für sie sei. Die Meister und Lehrer erklärten jedoch, dass die Rose zum Schutz sehr starke Dornen hatte, und das bedeutete, dass ihr Partner noch nicht bereit für die Art von Beziehung war, welche die Klientin wollte.

Schritt 1
Öffne deine Akasha-Chronik mit dem Gebet.

Schritt 2

Stell die folgenden Fragen:

- Ist meine Akasha-Chronik geöffnet?
- Meister und Lehrer, was ist für mich in dieser Zeit in meinem Leben am wichtigsten zu wissen? Bitte zeigt mir die Antwort in einem Bild und erklärt mir das Bild.

Bei dieser Übung wirst du deine Augen vielleicht eine kurze Zeit lang schließen wollen. Viele Menschen können Bilder leichter mit geschlossenen Augen sehen, zumindest am Anfang. Bleib so lange bei dem Bild, bis du ein richtiges Gespür dafür hast.

Schritte 3

Schreib deine Erfahrungen auf. Notiere alles, was du auf dem Bild siehst.

Wechsle hin und her zwischen dem Anschauen deines Bildes und deiner Niederschrift dessen, was du siehst. Stell dabei weiter Fragen über das Bild, bis du zufrieden bist.

Stell dir vor, dass du ein Gemälde ansiehst und die Möglichkeit hast, den Künstler oder die Künstlerin zu fragen, warum er oder sie das Bild so gemalt hat und warum diese oder jene Farbe verwendet wurde. Sei wie Sherlock Holmes und stell Fragen, bis du die Antwort klar siehst.

Atme durch dein Herzchakra ein und aus, entspanne dich und lächle.

Schritt 4
Schließe deine Akasha-Chronik.

Sobald dies passiert ist, lies die Antwort noch mal und spüre, ob du ihre Energie fühlen kannst.

Die meisten Menschen sehen leicht innere Bilder und haben keine Mühe, deren Bedeutung zu verstehen. Fühle dich aber nicht entmutigt, falls du kein Bild gesehen hast. Du hast dann vermutlich eher eine auditive Verbindung als eine visuelle Stärke. Es ist auf jeden Fall das Wichtigste, die Energie zu empfangen und zu spüren. Bilder und Worte sind zweitrangig, da es die energetische Schwingung ist, die etwas für dein Leben bedeutet.

Diese Übung im Alltag nutzen
Mir macht es Freude, in meiner AC mit Bildern zu arbeiten. Sie helfen mir, eine Antwort zu erhalten, die ich gar nicht erwartet habe und die mir ganz neu vorkommt. Das ist immer eine schöne Bestätigung dafür, dass die Botschaften von meinen Meistern und Lehrern kommen und nicht von mir selbst.

Hier sind einige Vorschläge, wie du mit Bildern arbeiten kannst: Du kannst um Smiley-Gesichter bitten oder um eine Skala von 1 bis 10, die dir zu erkennen helfen, ob etwas zu deinem höchsten Wohl ist oder nicht.

- Meister und Lehrer, bitte zeigt mir ein Smiley-Gesicht, das mir klar macht, ob es in meinem besten Interesse ist, mich für … zu entscheiden.
- Meister und Lehrer, bitte zeigt mir auf einer Skala von 1 bis 10 (wobei 1 das Schlechteste und 10 das Beste ist), ob … zu meinem höchsten Wohl ist.

Du kannst auch deine eigenen Zeichen und deren Bedeutung für deine Akasha-Chronik festlegen. Ihr Gebrauch macht immer dann Sinn, wenn du eine Antwort empfängst, über die du dir unsicher bist. Dann greifst du auf deine eigene »private Zeichensprache« in der AC zurück.

- Meister und Lehrer, bitte zeigt mir ein Zeichen, das Ja bedeutet, und ein Zeichen, das Nein heißt; ein Zeichen dafür, vorwärtszugehen, und ein anderes Zeichen dafür, innezuhalten.

Ich habe viele Jahre hindurch eine Sonnenblume als ein Symbol für Ja und ein Stoppschild als Zeichen für Nein verwendet.

Übung 5

Die Energie der Akasha-Chronik spüren

Manche Dinge kann man nicht mit Worten erklären. Worte können dich nur bis zu einem bestimmten Punkt führen. Sie können als Wegweiser zum Ziel dienen, aber sie können nicht das Ziel selbst ersetzen.

Manche Dinge muss man einfach fühlen. Diese fünfte Übung wird dich dem eigentlichen Fühlen der Akasha-Energie näher bringen, während du zugleich Führung aus dieser Ebene erhältst.

Wenn du die Schwingung der AC empfindest, kannst du dein Herz besser öffnen und führst dein

Leben auf eine friedvolle und ausgeglichene Art und Weise.

Schritt 1
Öffne deine Akasha-Chronik mit dem Gebet.

Schritt 2
Stell die folgenden Fragen:
- Ist meine Akasha-Chronik geöffnet?
- Meister und Lehrer, bitte lasst mich spüren, wie sich bedingungslose Liebe für euch anfühlt.

Schließe deine Augen einen Moment und erlaube dir, einfach zu fühlen.

Schritt 3
Dann schreib deine Erfahrungen so ausführlich und so gut wie möglich auf. Auch wenn es manchmal recht schwierig ist, Gefühle in die richtigen Worte zu fassen.

Schritt 4
Schließe deine Akasha-Chronik.

Ich bin immer wieder über die Antworten erstaunt, die meine Schülerinnen und Schüler erhalten, wenn sie diese Übung machen. Meistens öffnet sich ihr Herzchakra. Was sie erleben, ist überraschend und schwer in Worten zu beschreiben. Das Gefühl ist größer, weiter, ausgedehnter und sehr viel großartiger, als man es sich vorstellen könnte, und es hat wenig damit zu tun, wie wir Liebe im Allgemeinen beschreiben würden.

Geh noch einmal zur Seite 34 zurück und vergleiche die Antwort, die du soeben hier erhalten hast, mit deiner Antwort, die du damals schriftlich festgehalten hast. Erinnere dich, dass die Antwort damals deine eigene Erklärung von bedingungsloser Liebe war. Die Antwort aus der Übung hier spiegelt wider, wie die Meister und Lehrer bedingungslose Liebe erfahren.

Im Allgemeinen ist die zweite Antwort reiner, sie kommt mehr aus dem Herzen, und sie ist unbegrenzt, während deine Antwort aus der ersten Übung eher aus dem Intellekt stammt.

Diese Übung im Alltag nutzen

Du kannst darum bitten, Frieden in deinem Leben zu fühlen, Liebe, Freude oder Begeisterung. Du kannst ebenso darum bitten zu spüren, wie es sich anfühlt, gesund, reich, glücklich, geliebt oder erfolgreich zu sein, oder darum, irgendetwas anderes in deinem Leben zu erfahren.

Eine Menge Menschen hätten gern mehr Geld. Wenn das auf deiner Wunschliste steht, kannst du die folgenden Fragen an die AC richten:

- Meister und Lehrer, bitte lasst mich spüren, wie sich Wohlstand für euch anfühlt.
- Wie kann ich dieses Gefühl in mein Leben integrieren?

Andere Beispiele:
- Meister und Lehrer, lasst mich bitte fühlen, wie geliebt ich bin.
- Meister und Lehrer, lasst mich fühlen, wie es ist, erfolgreich zu sein.

Übung 6

*»Neue Fragen zu stellen,
neue Möglichkeiten zu erwägen,
um alte Probleme aus einem neuen Blickwinkel
zu betrachten – das erfordert
schöpferische Vorstellungskraft.«*
ALBERT EINSTEIN

Wie man die richtigen Fragen
an die Akasha-Chronik stellt

Die Fragen, die du der Akasha-Chronik stellst, besitzen eine spezielle Qualität und Schwingung. Je höher und klarer die Schwingung und die Intention sind, desto leichter fällt es dir, die Antworten zu empfangen und zu verstehen.

Richte daher jede Frage auf eine bestimmte Herausforderung oder ein definiertes Problem aus. Stell eine Hauptfrage zu deinem Thema und dann

mehrere Unterfragen, um die Antwort weiter ab-
zuklären. Fragen, die mit »Sollte ich ...« beginnen,
sind nicht sehr günstig, weil darin sowohl eine Erwartung steckt als auch eine künftige Verwirkli-
chung aus dem Blickwinkel der Vergangenheit.

Beispiele für solche Fragen wären: Sollte ich etwas Neues lernen, um mehr zu verdienen? Sollte
ich umziehen, um meine Vergangenheit hinter mir
zu lassen?

Die Meister und Lehrer werden uns nie zwin-
gen oder drängen, in eine bestimmte Richtung zu
gehen. Ihre Führung ist liebevoll, einfühlsam und
freundschaftlich.

Das Gleiche gilt für Fragen, die mit »Wäre
es ...« gestellt sind, denn darin steckt meist eine
Wahrscheinlichkeit oder eine eigene Annahme.
Beispiele: Wäre es gut für mich, wenn ich an einen
neuen Ort ziehe, um glücklicher im Leben zu sein?
Wäre ich gesünder, wenn ich keine solche stressige
Beziehung mit meinem Mann hätte? Wäre ich er-
folgreicher, wenn ich studiert hätte?

Stell deine Hauptfrage in der Gegenwartsform.
Einige der Folgefragen können dann in deine Vergangenheit weisen, damit du die Ursache eines Problems klären und beseitigen kannst. Oder sie nehmen dich mit in die Zukunft, damit du ein neues
Gedanken- oder Glaubensmuster erzeugen kannst,
das für deine Lebensreise nützlicher ist.

Sei neugierig wie ein Kind und stell Fragen, wie es das Titellied der »Sesamstraße« sagt:

>> Der, die, das,
wer, wie, was,
wieso, weshalb, warum,
wer nicht fragt,
bleibt dumm.<<

Du kannst dir auch vorstellen, ein Reporter zu sein und so lange deine Fragen zu stellen, bis du mit dem Ergebnis zufrieden bist.

Wie man in der täglichen Praxis die nützlichsten Fragen stellt

Hier sind einige Beispiele für die besten Fragen der täglichen Übungspraxis:

- Was ist für mich zu diesem Zeitpunkt meines Lebens am wichtigsten zu wissen?
- Was muss ich wissen, um in Übereinstimmung mit meinem Seelenplan zu leben?
- Was muss ich wissen, um mich daran zu erinnern, wer ich wirklich bin und warum ich wirklich hier bin?
- Was muss ich wissen, um ganz präsent zu sein – bei diesem Anlass/in dieser Konferenz/in dieser Beziehung/bei dieser Investition?

- Muss ich etwas aufgeben (Kritik, Angst, Sorgen, Vorurteile), um ganz präsent zu sein bei diesem Anlass/in dieser Konferenz/in dieser Beziehung/ bei dieser Investition?
- Was muss ich wissen, um klare und authentische Antworten von meiner Akasha-Chronik zu erhalten?
- Was soll ich aus dieser Situation lernen?
- Was ist der tiefere Sinn dieser Erfahrung, und was sollte ich daraus lernen?
- Wie kann ich dieses Problem oder Thema oder diese Herausforderung loslassen?
- Was muss ich wissen, um Ausgeglichenheit und Frieden in meinem Leben zu erfahren?
- Was muss ich darüber wissen, wie man erfolgreich ist?
- Welche Definition von Erfolg ist für mich stimmig, und wie kann ich das in meinem Leben umsetzen?
- Was sind die Hintergründe für meine Gesundheitsthemen und meine Beschwerden?
- Was muss ich wissen, um diese Hintergründe zu ändern und Gesundheit und Wohlbefinden in meinem Leben zu erschaffen?
- Was ist meine Aufgabe in meinen Beziehungen, und wie kann ich mich auf diese Aufgabe richtig einstellen?
- Was muss ich wissen, um in Übereinstimmung mit meinem Schöpfer zu leben?

- Wie kann ich meine Beziehung zu meinem Schöpfer fördern?

Übung 7

» Wissen ist Liebe und Licht und Vision.«
HELEN KELLER

Information über neutrale Themen gewinnen

Der Begriff »neutrales Thema« bezieht sich bei dieser Übung auf eine Angelegenheit, die keine emotionale Reaktion in dir auslöst. Es geht um etwas, woran du Interesse oder wozu du eine Beziehung hast, was du aber leicht aus einer indifferenten, also gleichgültigen Haltung beobachten kannst. Dabei kann es um deine Hobbys gehen, dein Arbeitsumfeld, gesellschaftliche Interessen und Themen, wissenschaftliche Entdeckungen und viele andere Dinge.

Wenn du dich mit dieser Art von Übung vertraut machst, wird sie dir helfen, Dinge besser zu verstehen und Situationen von einem anderen Standpunkt aus zu betrachten, der eine neue und neutrale Sichtweise vermittelt. Und du wirst wertvolle Hintergrundinformationen zu Dingen und Themen aus deinem Alltag bekommen.

Ich habe einmal um Information über die Harley-Davidson-Motorräder gebeten. Als Erstes ließen mich die Meister und Lehrer den tief röhrenden Sound der Harley-Maschinen hören. Dann ließen sie mich ein starkes Gefühl von Stolz erleben, das wunderbare Gefühl, zu einer Gemeinschaft zu gehören und Teil von etwas Besonderem zu sein. Meine Akasha-Chronik berichtete mir, wie die Firma anfing. Die Aufzeichnungen erzählten von den Kämpfen, welche die Eigentümer zu bestehen hatten, um dieses Motorrad besonders und einzigartig zu machen und in dieser Qualität zu bewahren. Ich konnte die Begeisterung und Entschlossenheit von Mr. Harley und Mr. Davidson nachempfinden, und ich lernte, diese Motorräder in einem neuen Licht zu sehen.

Bei einer anderen Gelegenheit hatte ich um Informationen über eine Massagetherapie gebeten. Die AC zeigte mir, wie ein Daumen Druck auf einen Muskel ausübt und wie diese Berührung schließlich alle anderen Zellen im Körper erreicht. Die Anregung des Muskelgewebes hat einen Einfluss auf das Nervensystem und damit auch auf alle anderen Systeme im Körper. Eine Massagetherapie reicht also weit darüber hinaus, nur unsere Muskeln zu behandeln. Sie stellt eine wahre Heilung für unser ganzes Sein dar. Das weiß ich jetzt sehr klar.

Schritt 1
Öffne deine Akasha-Chronik mit dem Gebet.

Schritt 2
Stell die folgenden Fragen:
- Ist meine Akasha-Chronik geöffnet?
- Meister und Lehrer, gebt mir bitte Informationen über ... *(setze ein für dich neutrales Thema ein).*

Schritt 3
Notiere deine Erfahrungen schriftlich und so ausführlich wie möglich.

Schritt 4
Schließe deine Akasha-Chronik.

Hast du eine neue Einsicht gewonnen? Vielleicht hast du eine Bestätigung im Hinblick auf dein Interessengebiet erhalten und wirst noch mehr Freude daran haben. Ich sehe die Dinge nach einer solchen Befragung meistens aus einer anderen Perspektive, und dann kann ich mit mehr Hintergrundwissen mit ihnen umgehen.

Diese Übung im Alltag nutzen

Nutze diese Übung so oft wie möglich. Frage nach deinen Hobbys, nach Fernsehsendungen, Diätmethoden, Fitnessprogrammen, Autos, Yoga, Meditation, Büchern, Immobilien, Haustieren, Wildtieren, Pflanzen, nach der globalen Erwärmung, politischen Ereignissen und so fort.

Wenn du diese Übung häufig durchführst, wirst du ganz neue Seiten am Leben entdecken und demzufolge auch an dir selbst.

Übung 8

» Unser wesentlicher Zweck
in diesem Leben ist, anderen zu helfen.
Und wenn du ihnen nicht helfen kannst,
verletzte sie wenigstens nicht. «
DALAI LAMA

Information über andere Menschen erhalten

Dürfen wir Fragen über andere Personen an die Akasha-Chronik richten? Auf jeden Fall, solange diese Fragen auch einen Bezug zu uns selbst haben. Theoretisch kannst du jede beliebige Frage stellen. Wenn sie nichts mit dir zu tun hat, erhältst du keine Antwort. Wenn die Frage nicht integer gestellt worden ist, wirst du entweder keine Antwort erhalten oder Bemerkungen hören wie: »Warum fragst du? Das geht dich nichts an. Du solltest deine Frage besser so stellen ...«

Manchmal drehen die Akasha-Chronik die Frage um, sodass sie sich wieder auf den Fragesteller selbst bezieht. Wenn du zum Beispiel fragst: »Reden meine Kollegen hinter meinem Rücken über mich?«, könnte die Antwort lauten: »Warum ist es für dich so wichtig zu wissen, was andere Menschen sich entscheiden zu tun?«

Du wirst auf jeden Fall die besten Ergebnisse erzielen, wenn du deine Fragen mit der höchstmöglichen Integrität stellst und wenn sie sich auf dein eigenes Wachstum und auf deine Lebensreise beziehen. Die folgende Übung wird dir dafür einige gute Beispiele bieten.

Bevor du deine Akasha-Chronik öffnest, denke an jemanden, der dich leicht reizen kann.

Schritt 1
Öffne deine Akasha-Chronik mit dem Gebet.

Schritt 2
Stell die folgenden Fragen:
- Ist meine Akasha-Chronik geöffnet?
- Meister und Lehrer, was muss ich über diesen Menschen, der mich stört oder ärgert, in Bezug auf mich wissen?
- Bitte zeigt mir diesen Menschen durch die Augen der Akasha-Chronik.

- Was muss ich wissen, um diese Beziehung zu verbessern, zu klären oder zu heilen?
- Was muss ich wissen, um diese Person oder diese Situation besser zu verstehen?

Schritt 3

Lass dir eine Frage nach der anderen beantworten und halte deine Erfahrungen schriftlich fest. Achte darauf, alle vier Fragen zu dieser Person zu stellen, während deine Akasha-Chronik offen ist, und höre nicht vorzeitig mit dem Fragen auf. Die vierte Frage ist die wichtigste bei dieser Übung.

Schritt 4

Schließe deine Akasha-Chronik.

Hast du irgendeine neue Einsicht über diesen Menschen und deine Beziehung zu ihm gewonnen? Kannst du spüren, dass die Akasha-Chronik diesen Menschen überhaupt nicht bewertet oder verurteilt und keinerlei Vorurteile gegenüber dieser Person fühlt?

Die dritte Frage dieser Übung lässt dich etwas von den Herausforderungen und von dem Leid spüren, die dieser Mensch erlebt. Das erlaubt dir, dein Herz weiter zu öffnen und die vielen Fehlwahrnehmungen und subjektiven Annahmen loszulassen, die das Ego hegt. Es ist ein bisschen so, als ob du einige Schritte in den Schuhen der anderen Person gehen könntest.

Ich habe bisher niemals eine Bewertung über irgendjemanden aus den Aufzeichnungen gehört, auch nicht über mich selbst. Die Meister und Lehrer strahlen wirklich nur bedingungslose Liebe aus.

Diese Übung im Alltag nutzen

Du kannst um Informationen über jeden beliebigen Menschen bitten, solange die Frage auf irgendeine Art und Weise mit dir zu tun hat. Es muss nicht jemand sein, über den du dich ärgerst. Frage nach deinen Eltern, Kindern, deinem Partner, Kollegen, Nachbarn, Freunden und Verwandten. Du kannst auch Fragen über eine Firma stellen, über Politiker und andere bekannte Persönlichkeiten.

Denk bitte daran, dass du am meisten Nutzen aus deinen Fragen ziehen kannst, wenn du darum bittest, dass die Antworten auch die Sichtweise der Akasha-Chronik zum Ausdruck bringen. Bleib nicht in deiner begrenzten Perspektive stecken.

Die folgenden drei Fragen bieten einen guten Rahmen, damit du dich auf deine Intention fokussieren kannst, um so eine heilsame Veränderung zu bewirken:

- Meister und Lehrer, was muss ich über diesen Menschen in Beziehung zu mir wissen?

- Bitte zeigt mir diesen Menschen durch die Augen der Akasha-Chronik.
- Was muss ich von diesem Menschen wissen, um die Beziehung in einem größeren Rahmen zu sehen?

Übung 9

»Die ganze Welt ist Bühne
Und alle Fraun und Männer bloße Spieler.
Sie treten auf und gehen wieder ab,
Sein Leben lang spielt einer manche Rollen
Durch sieben Akte hin.«
William Shakespeare

Frühere Leben

An dieser Stelle müssen wir uns fragen, ob es frühere Leben gibt oder nicht. Haben wir vor diesem Leben schon ein anderes gehabt, und haben wir Erfahrungen gemacht, die uns vielleicht heute noch beeinflussen?

Als ich meine Reise in die Akasha-Chronik begann, glaubte ich nicht an vergangene Leben. Ich stritt ihre Existenz rundweg ab, obwohl ich damals gar nichts darüber wusste. Diese Vorstellung von früheren Leben kam mir einfach so gruselig vor, und ich wollte nichts damit zu tun haben.

Heute weiß ich, dass es frühere Leben gibt. Während meiner Arbeit mit der Akasha-Chronik habe ich sie auf jeder Ebene gespürt, und ich habe keinen Grund mehr, mich dabei irgendwie unwohl zu fühlen. Meine Faustregel lautet: Ich lebe jetzt und hier, und hier möchte ich meine Energie auch bewahren. Aber manchmal ist es vorteilhaft, sich eine Erfahrung aus einem früheren Leben wieder anzusehen, um heute ein besseres Leben zu führen. Deshalb nehme ich eine Gelegenheit dazu gern wahr.

Die folgende Übung führt dich in eine Erfahrung aus einem eigenen früheren Leben. Du brauchst dich dabei vor nichts zu fürchten. Du behältst immer die Kontrolle, und du kannst durch diese Übung nur lernen und Nutzen gewinnen.

Schritt 1
Öffne deine Akasha-Chronik mit dem Gebet.

Schritt 2
Stell die folgenden Fragen:
- Ist meine Akasha-Chronik geöffnet?
- Meister und Lehrer, zeigt mir ein Muster, das ich heute habe und das auf ein früheres Leben zurückgeht.

Bitte achte darauf, dass nicht du das Muster aussuchst, sondern dass die Meister und Lehrer eines deiner Muster auswählen, da du selbst ja nicht weißt, welches deiner Muster auf ein früheres Leben zurückgeht. Lass dir Zeit, überstürze nichts: Das Muster wird auftauchen.

- Was hat dieses Muster mit einem früheren Leben zu tun?

Entwickle ein Gefühl für das vergangene Leben, auf das sich die Aufzeichnungen beziehen. Verstehst du, was damals geschehen ist?

Achte darauf, ob du das Geschehen in Farbe oder in Schwarz-Weiß siehst. Kannst du etwas riechen oder Stimmen oder Musik hören? Nimmst du etwas von der Umgebung wahr, in der du in diesem früheren Leben warst?

Achte auf alles und denke daran, dass du immer sicher bist und dass du selbst die Kontrolle besitzt. Du kannst dich jederzeit an deine Meister und Lehrer wenden, und um mehr Führung oder Trost bitten.

- Bitte um einen Rat, wie du das Muster verändern kannst.

Schritt 3
Schreib deine Erfahrungen so genau wie möglich nieder.

Schritt 4
Schließe deine Akasha-Chronik.

Hast du irgendeine neue Einsicht gewonnen?

Hier ein Beispiel aus meinem eigenen Erleben: Ein Muster, das mir meine AC während einer solchen Übung zeigte, war die Tatsache, dass ich gern Böden putze. Das stimmt zwar, aber dennoch war ich überrascht. Ich hatte gedacht, dass es normal sei, gern saubere Fußböden zu haben, aber ich hätte nie gedacht, dass diese Vorliebe ein Überbleibsel aus einem früheren Leben gewesen sein könnte. Meine Fußböden sind immer sauber. Mich stört es nicht, wenn die Fenster schmutzig sind oder auf den Bücherregalen Staub liegt, aber meine Fußböden putze ich unbedingt.

Als ich wissen wollte, woher dieses Muster stammt, zeigten sie mir, wie ich als ein kleines Mädchen in einem alten Kloster arbeitete. Meine Arbeit bestand darin, die Gänge zu reinigen, durch welche die Nonnen aus der Stadt oder aus dem Garten hereinkamen. Wenn ich gute Arbeit geleistet hatte, bekam ich abends eine ganze Mahlzeit. Wenn nicht, erhielt ich nur Wasser und Brot. Saubere Böden waren für mein Überleben entscheidend, und dieses Muster hatte mich also bis jetzt begleitet.

Als ich fragte, wie ich dieses Muster verändern oder ablegen könne, meinten meine Meister und Lehrer, dass dieses Muster keine große Sache sei. Sie sagten, ich solle mir einfach dessen bewusst sein und mich nicht durch dieses Muster in meinem morgendlichen Ablauf stören lassen. Meine Lösung: Ich kaufte einen Staubsaugerroboter.

Diese Übung im Alltag nutzen

Irgendwann wird es vorkommen, dass du an einem deiner Themen in der AC arbeitest und deine Meister und Lehrer dir sagen, dass es seinen Ursprung in einem früheren Leben hat. Wenn das der Fall ist, mach einfach mit der zweiten und dritten Frage aus dieser Übung weiter, um mehr Informationen zu deiner Frage zu erhalten.

Du kannst jedoch auch direkt nach früheren Leben fragen, wenn es um Menschen oder Orte in deinem heutigen Leben geht, zu denen du dich hingezogen fühlst.

- Gibt es eine Verbindung aus einem früheren Leben zwischen diesem Menschen und mir?
- Fühle ich mich von dem Platz angezogen, weil ich in einem vergangenen Leben dort eine bestimmte Erfahrung gemacht habe?

Achte darauf, dass sich die Frage auf dein Leben jetzt bezieht, denn dieses gegenwärtige Leben hat sich deine Seele jetzt ausgewählt. Ich finde es nicht sehr sinnvoll, irgendwelche Zufallsfragen über frühere Leben zu stellen. Bleib in der Wirklichkeit des Hier und Jetzt, gesammelt und geerdet in deiner Ganzheit in diesem Leben.

Übung 10

» Wenn euer Lehrer wirklich weise ist,
fordert er euch nicht auf,
ins Haus seiner Weisheit einzutreten,
sondern führt Euch an die Schwelle
eures eigenen Geistes.

Khalil Gibran

Gebete und Affirmationen

Ein Gebet ist eine Anrufung, um sich mit einer göttlichen Energie durch eine absichtsvolle Kommunikation zu verbinden. Man betet entweder, um zu danken, um die Freude am Leben auszudrücken oder um Rat und Führung oder Hilfe und Rückhalt zu bekommen.

Wir arbeiten in der Akasha-Chronik mit Gebeten, indem wir uns jene Gebete vertraut machen, die uns die AC selbst gegeben hat. Wir können aber auch um besondere Gebete speziell für unsere eigenen Zwecke und Ziele bitten. Diese Gebete kann man anwenden, wenn man sich in der AC befindet, aber auch außerhalb davon.

Das Gebet
für Verstorbene und geistige Wesenheiten
»Vater/Mutter/Gott, wir bitten darum,
dass diese Seele/Wesenheit in ihrer spirituellen
Evolution zum höchsten Nutzen
und zum Wohle aller Beteiligten
weiter voranschreitet.«

Dieses Gebet kann zum Wohle jeder Seele, die hinübergegangen ist, gesagt werden. Es spielt dabei keine Rolle, ob wir die verstorbene Person persönlich gekannt haben oder nicht. Du kannst mit diesem Gebet jede Seele unterstützen, die dabei ist, in die geistige Welt zu gehen.

Dieses Gebet hilft auch, Räume von blockierter Energie zu befreien, was man oft im Feng-Shui oder in anderen Traditionen durch Räuchern mit Salbei macht.

Das Gebet beginnt mit den Worten »Vater/Mutter/Gott«, damit wir uns keine bildliche Vorstellung der göttlichen Schöpferkraft zurechtlegen und die Neigung des Egos ausschalten, unsere Wirklichkeit zu kontrollieren.

Gebet
zur Lösung von äußeren Einflüssen
»Wenn das, was ich erlebe, nicht mein Eigenes ist, bitte ich Gott, seinen Schutz über mich zu halten, damit ich ihm alles übergeben kann.«

Dieses Gebet hilft uns, uns von Gedanken und Gefühlen, die nichts mit unserem eigenen Wesen und mit unseren persönlichen Erfahrungen zu tun haben, zu lösen, sie zu klären oder auszulöschen.

Manchmal neigen Menschen, die sehr intensiv mit anderen arbeiten, dazu, deren Leiden und Probleme zu übernehmen. Sie sind sehr empathisch und können den Überblick darüber verlieren, was ihre eigene Energie ist und was zur anderen Person gehört. Krankenschwestern, Massagetherapeuten und andere Menschen, die am Körper arbeiten, tragen häufig die Probleme ihrer Klienten mit sich herum, ohne sich dessen bewusst zu sein. Dieses Gebet ist ein wundervolles Hilfsmittel, um die eigene Energie von jeglicher Beeinflussung oder Überlagerung zu befreien.

Gebet
zur Vergebung für dich selbst und andere
»Wenn es irgendjemanden oder irgendetwas gibt, der oder das mich in der Vergangenheit bewusst oder unbewusst verletzt hat, vergebe

ich und löse die Energie dieses Geschehens auf.

Wenn ich irgendjemanden oder irgendetwas in der Vergangenheit bewusst oder unbewusst verletzt habe, vergebe ich mir und löse die Energie dieses Geschehens auf.«

Vergebung ist die Lossagung von Groll, Zorn und Bitterkeit, die als Folge eines Ärgernisses, einer Meinungsverschiedenheit, einer Beleidigung, eines Angriffs oder eines Fehlers entstehen können. Vergebung ist ein anderes Wort für »etwas loslassen«. Wenn eine Person Vergebung praktiziert, dann lässt sie Widerwillen, Groll, Ärger und Verbitterung los, die sie bisher in ihrem eigenen Energiefeld festgehalten hatte. Wenn wir solche Energien durch Liebe, Verständnis und Frieden ersetzen, wird sich das auf wunderbare Weise in jedem Bereich unseres Lebens auswirken. Vergebung macht uns frei!

Dieses Gebet erfüllt einen doppelten Zweck, da es uns erlaubt, anderen zu vergeben und zugleich um Verzeihung zu bitten. Es ist nicht notwendig, jede spezielle Begebenheit oder jede einzelne Person anzusprechen. Die Absicht und Bereitschaft, zu vergeben und selbst um Vergebung zu bitten, sind hier die wesentlichen Elemente. Der Rest bleibt dem Universum vorbehalten.

Affirmationen

Affirmationen helfen dir, eine andere, positivere und aufbauende Sichtweise auf ein derzeitiges Thema oder Problem einzunehmen. Wir benutzen Affirmationen in der Akasha-Chronik auf die gleiche Weise wie Gebete. Für die folgende Übung denke an ein Problem, dass in deinem Leben jetzt eine Rolle spielt.

Schritt 1
Öffne deine Akasha-Chronik mit dem Gebet.

Schritt 2
Stell die folgenden Fragen:
- Ist meine Akasha-Chronik geöffnet?
- Meister und Lehrer, bitte gebt mir ein Gebet oder eine Affirmation, die mir bei meinem derzeitigen Problem helfen kann. Sagt mir bitte auch, wie oft ich Gebet oder Affirmation wiederholen soll.

Schritt 3
Schreib deine Erfahrungen so genau wie möglich nieder.

Schritt 4
Schließe deine Akasha-Chronik.

Hast du ein Gebet oder eine Affirmation erhalten, die dir geholfen haben, die Sicht auf dein gegenwärtiges Thema oder Problem zu verändern?

Zwei Beispiele: Ein Klient bat um ein Gebet, um ein gesundes Selbstwertgefühl zu erlangen. Die AC gab ihm das folgende Gebet beziehungsweise diese Affirmation: »Ich bin das Zentrum des Universums« und die dazugehörige Anleitung, dass er diese Worte immer dann wiederholen soll, wenn er beginnt, sich über andere Leute zu beschweren.

Eine andere Klientin bat um ein Gebet, das ihr helfen soll, ein Buch zu schreiben. Hier ist die Antwort, die sie erhielt: »Es ist, wie wenn man gebärt. Erst empfängst du, dann gebierst du, dann nährst du und dann lässt du los, um etwas anderes, Neues zu kreieren.«

Diese Übung im Alltag nutzen

Diese Gebete und Affirmationen sind wie ein rasch wirksamer Vitaminschub. Wenn wir unsere Ängste und negativen Muster bewusst entdecken, können wir auf Gebete zurückgreifen, die wir aus der AC erhalten haben. So verhindern wir, dass wir Energie verlieren oder tiefer in unseren Schmerzkörper[6] fallen.

Wir können diese Gebete wie Mantras nutzen und sie stetig wiederholen, um unsere unerwünschten Gedanken und Themen loszulassen. Mit der Zeit verstehen wir, dass wir wirklich »das Zentrums des Universums« sind, und erlauben unserer Kreativität ein freies Fließen. Du kannst um Gebete für jeden Lebensbereich bitten – für Gesundheit, Wohlstand, Kreativität oder Spiritualität.

Übung 11

*»Glück kann man nicht bereisen,
besitzen, verdienen, an sich tragen
oder konsumieren.
Glück ist die spirituelle Erfahrung,
jede Minute mit Liebe,
Gnade und Dankbarkeit zu leben.«*
Denis Waitley

Gnadenpunkte

Gnadenpunkte sind Druckpunkte in beiden Händen. Wenn man sie sanft berührt, regt das die Energiemeridiane im Körper an, die mit dem Herzen und dem eigenen Seelenwesen verbunden sind.

Die Ausrichtung der bewussten Intention oder des Gebets, während man diese Punkte hält, führt dazu, dass man sich entspannt, sich wieder mit der göttlichen Weisheit verbindet und in einen offenen, empfänglichen Zustand der Klarheit und des Friedens gelangt.

Gnade ist die frei geschenkte bedingungslose Liebe und Vergebung der göttlichen Quelle, die uns menschliche Wesen regeneriert und stärkt. Jeder Mensch besitzt die Fähigkeit, sich für Gnade zu öffnen, besonders in schwierigen Zeiten. Die einzige Voraussetzung besteht darin, dass er dafür empfänglich wird und sich in einem Zustand der Dankbarkeit befindet.

Die folgenden Gnadenpunkte sind von der Akasha-Chronik empfangen worden (in Zusammenarbeit mit der Organisation Akashic Records Consultants International, einer Gruppe von gleichgesinnten Akasha-Chronik-Beratern). Man kann mit diesen Punkten an der rechten oder auch der linken Hand arbeiten, dies sowohl während die AC offen als auch wenn sie geschlossen ist.

Punkt 1: Hauptgnadenpunkt

Er befindet sich in der Mitte der Handinnenfläche. Wenn du an diesem Punkt sanften Druck anwendest, kannst du jegliche verspannten Energien lösen, an denen du bisher noch festhältst, und die Dinge rasch wieder klarer sehen. Er öffnet dich auch für positivere und friedvolle Erfahrungen in deinem Leben.

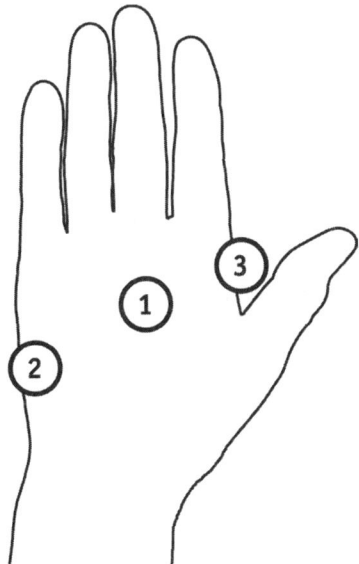

Punkt 2: Körper-Release-Punkt

Er befindet sich in der Mitte deiner seitlichen Handfläche unterhalb des kleinen Fingers. Wenn du die Energie dieses Punktes anregst, dann werden damit stagnierende, blockierte Energien gelöst, wie zum Beispiel Bewertungen, Urteile, Emotionen, Leid und negative Glaubenssätze sowie Muster, die im Körper stecken.

Punkt 3: Ahnenpunkt

Er befindet sich im Gewebe zwischen dem Daumen und dem Zeigefinger. Wenn du an diesem Punkt Druck ausübst, hilft das bei der Lösung von Urteilen, Glaubensmustern und Emotionen, die über die DNA zu dir gekommen sind beziehungsweise über deine genetischen Ahnen.

Wie man die Gnadenpunkte verwendet

Bevor du mit den Gnadenpunkten arbeitest, denke an ein Thema, das du gern geklärt hättest oder von dem du dich lösen möchtest. Richte deine Absicht darauf, dass du Frieden und göttliche Gnade in deinem Wesen erfährst.

Schritt 1
Öffne deine Akasha-Chronik mit dem Gebet.

Schritt 2
Stell die folgenden Fragen:

- Ist meine Akasha-Chronik geöffnet?
- Meister und Lehrer, bitte unterstützt mich dabei, das folgende Thema zum höchsten Wohle und zum Nutzen aller Beteiligten zu lösen.
- Meister und Lehrer, bitte helft mir, Gnade und göttlichen Frieden zu empfangen.

Mit dem Daumen einer Hand drückst du nun sanft auf den Hauptgnadenpunkt der anderen Hand. Richte deine Aufmerksamkeit zugleich auf den Druck, den du an diesem Punkt ausübst, und auf dein Thema. Nimm dir Zeit dafür – etwa drei bis vier Minuten oder so lange, bis du eine Veränderung in deiner Energie wahrnimmst.

Sieh dir die Abbildung hier im Buch an, um sicher zu sein, dass du den richtigen Gnadenpunkt ausgewählt hast. Denk daran, dass der sanfte Druck auf diesen Punkt hilft, jegliche verspannten Energien zu lösen, an denen du bisher noch festhältst. So kannst du die Dinge nun wieder klarer sehen und dich für friedvolle Erfahrungen in deinem Leben öffnen.

Dann übst du mit dem Daumen der Hand leichten Druck am Körper-Release-Punkt der anderen Hand aus. Richte deine Aufmerksamkeit wieder zugleich auf den Druck und auf dein Thema. Nimm dir auch hier wieder Zeit, vielleicht drei bis vier Minuten, bis du eine Veränderung in deiner Energie fühlst.

Nutze auch hierbei die Abbildung im Buch, um dich zu vergewissern, dass du den richtigen Gnadenpunkt ausgewählt hast. Du löst mit ihm sowohl stagnierende, blockierte Energie als auch Urteile, Emotionen und Leid, das im Körper steckt.

Schließlich drückst du mit dem Daumen der Hand sanft auf den Ahnenpunkt der anderen Hand. Richte wieder deine gesammelte Aufmerksamkeit sowohl auf den Druck als auch auf dein Thema. Nimm dir erneut Zeit, bis du eine Veränderung fühlst. Natürlich hilft dir auch hier die Grafik, den richtigen Gnadenpunkt zu drücken. Er hilft dir dabei, ungünstige Dinge zu lösen, die du aufgrund deiner Ahnenlinien in dir trägst.

Schritt 3
Schreib deine Erfahrungen auf.

Schritt 4
Schließe deine Akasha-Chronik.

Ich weiß, dass dieser Prozess für eine wirksame Methode zu einfach klingt. Ich habe jedoch derart viele Aha-Momente bei meinen Klienten, Schülern und mir selbst miterlebt, dass ich mich verpflichtet fühle, dir auch diese Gnadenpunkte vorzustellen. Mögen sie dir genauso gut dienen, wie sie mir gedient haben.

Diese Übung im Alltag nutzen

Nutze diese Gnadenpunkte immer dann, wenn du merkst, dass sich ein altes Muster zeigt. Sie sind sehr einfache Werkzeuge, und du wirst dich sicher leicht an die Lokalisierung der Punkte und die Abfolge erinnern, wenn du es einige Male geübt hast.

Das Üben damit ist zudem sehr sicher, sodass du es auch tun kannst, wenn du nicht in deiner

Akasha-Chronik bist. Du kannst dieses Übungs-programm daher jederzeit anwenden – wenn du dich ärgerst, wenn du Angst hast oder wenn du bereit bist, etwas loszulassen. Der göttliche Rück-halt ist immer da, wenn du in deinen Absichten aufrichtig und klar bist.

Übung 12

»Echte Weisheit gelangt zu jedem von uns,
wenn wir erkennen, wie wenig wir vom Leben,
von uns selbst
und von der Welt
um uns herum verstehen.«

SOKRATES

Mit den Ahnen Kontakt aufnehmen

Wir sind genetisch mit den Menschen verwandt, die unsere Vorfahren sind, und mit denen, mit denen wir gemeinsame Ahnen haben. Wir alle haben aber auch Vorfahren, im Sinne spiritueller Ahnen, die Quellen von Heilung, Führung und Verbundenheit sein können.

Zu den Vorfahren, die wir gern kontaktieren möchten, können auch kürzlich Verstorbene aus unserer Familie oder auch weiter entfernte Verwandte gehören. Unsere Ahnen können uns mit ihrem Rat und ihrem Einblick wertvolle lebendige Unterstützung geben und uns helfen, unser Potenzial hier auf der Erde zu leben.

Ein Teil der Arbeit unserer Ahnen nach dem Körpertod mag darin bestehen, Unrecht wiedergutzumachen, das sie während ihrer Zeit hier auf der Erde ausgelöst haben. Es ist zu ihrem und zu unserem Nutzen, wenn wir einige Zeit damit verbringen, die Beziehungen zu unseren Vorfahren zu kultivieren und, wo nötig, zu ordnen. So erhalten wir auch einen tieferen Einblick in den Ursprung unserer Muster und Themen.

Nur weil unsere Lieben verstorben sind, bedeutet das nicht, dass sie bereits ein Teil der Meister und Lehrer in der Akasha-Chronik sind. Wir können mit ihnen allerdings durchaus kommunizieren, indem wir unsere Verbindung zu unseren wahren Meistern und Lehrern in der Akasha-Chronik nutzen.

Schritt 1
Öffne deine Akasha-Chronik mit dem Gebet.

Schritt 2
Stell die folgenden Fragen:
- Ist meine Akasha-Chronik geöffnet?

- Meister und Lehrer, bitte erlaubt, dass sich ein Ahne von mir zeigt. *(Es kommt häufig vor, dass bei dieser Übung mehr als ein Vorfahre auftaucht. Sie sprechen gern mit uns. Wenn mehr als ein Ahne kommt, der sich mit dir austauschen möchte, dann bitte darum, dass derjenige bleiben und den Dialog mit dir fortsetzen möge, der am hilfreichsten für dein Anliegen und diese Übung ist.)*

Bitte den Ahnen oder die Ahnin, sich zu identifizieren. Du wirst wissen wollen, in welchem Verwandtschaftsverhältnis ihr steht, ob es also Onkel, Tante, Großmutter, Urgroßvater oder wer auch immer ist.

Bitte deinen Ahnen nun, ein Missverständnis aufzuklären und aufzulösen, dass du in deiner Kindheit erfahren hast. Ein Beispiel: Du hast vielleicht Angst vor Hunden, weil deine Mutter immer in Panik geriet, wenn sie sah, dass irgendein Hund dir nahe kam. Oder du hast Angst, verlassen zu werden, weil sich deine Eltern getrennt haben, als du noch ein kleines Kind warst. Es kommt auch vor, dass jemand ein niedriges Selbstwertgefühl hat, weil die Eltern nicht genug Geld hatten, um neue Kleidung für ihr Kind zu kaufen. Das Kind hat sich dann unter Umständen als »unwürdig« empfunden, schöne neue Sachen zu bekommen.

Frage deinen Ahnen, ob du noch an dem Ereignis festhältst, das dieses Thema oder Muster erzeugt hat. Fühlst du dich noch verlassen, hast du ein niedriges Selbstwertgefühl, oder meinst du, nichts Schönes zu verdienen?

Bitte deinen Ahnen bzw. deine Ahnin, dir zu helfen, die Folgen dieses Geschehens zu heilen und deine irrtümliche Wahrnehmung loszulassen. Oder du fragst deine Meister und Lehrer: Was muss ich wissen oder erkennen, um diese Erfahrung loszulassen und damit Frieden zu schließen?

Schritt 3
Fixiere deine Erfahrungen schriftlich.

Schritt 4
Schließe deine Akasha-Chronik.

Konntest du deine Vorfahren erkennen?

Wie hat sich die Energie angefühlt?

Konntest du den Rat deiner Ahnen verstehen?

Unsere Vorfahren lieben es, sich mit uns zu unterhalten. Ihr Hauptinteresse besteht darin, dass wir uns allzeit geliebt und umsorgt fühlen. Sie begreifen auch, dass die meisten unserer Kümmernisse auf

Missverständnissen und falschen Wahrnehmungen beruhen. Wenn du eine Situation erst einmal aus einem anderen Blickwinkel anschauen kannst, wird es dir leichtfallen, unerwünschte Glaubensmuster loszulassen, an denen du noch festhältst. Du wirst dann in Frieden mit den Geschehnissen deiner Vergangenheit sein.

Diese Übung im Alltag nutzen

Nimm Kontakt zu deinen Ahnen immer dann auf, wenn du das Gefühl hast, dass dich unerledigte Themen im Hinblick auf ein Ereignis aus deiner Vergangenheit belasten. Du kannst dich an einen bestimmten Vorfahren wenden, wie Onkel Franz oder Tante Ella, oder es der Akasha-Chronik überlassen, die richtige Person für diese Situation auszuwählen und zu dir zu schicken, damit sie mit dir spricht.

Es kommt auch vor, dass bestimmte Vorfahren während einer der anderen Übungen auftauchen, um mit dir zu sprechen, ohne dass du um ihre Präsenz gebeten hättest. Bitte denke daran, dass du die Kontrolle über die Sitzung hast und es deine Entscheidung ist, ob du dich mit einem Ahnen austauschen möchtest oder nicht.

Übung 13

»Es ist das Spiel des Lebens. ...
Ich muss so viel Spaß wie möglich haben
und mich so oft wie möglich
ums Spielbrett drehen,
bevor es Zeit ist für mich zu gehen.«
Tupac Shakur

Orakel, Engelkarten, Zitate, Zeitungsartikel und andere Werkzeuge

Manchmal macht es mir Freude, mit Orakel- und Engelkarten in meiner Akasha-Chronik »zu spielen«. Diese Karten bieten meistens einen sehr positiven Ausblick auf das Leben an und sind so gestaltet worden, dass sie uns zu einem höheren Blickwinkel führen können. Ich verwende die Karten auf meine Art und Weise, anders als die Autoren es wohl geplant haben.

145

Du kannst durch solche Karten eine Botschaft zu einem Thema oder Problem erhalten, die völlig an deiner ursprünglichen Frage vorbeizugehen scheint. Du wirst dann vielleicht von einer unvorhersehbaren Antwort überrascht, die gar nicht so klingt wie deine inneren Dialoge, an die du dich wahrscheinlich gewöhnt hast. Auf diese Weise bieten dir die Karten eine sehr wirksame Möglichkeit, dein Ego aus einer Sitzung herauszuhalten, damit du auf eine leichtere Art und Weise eine klare Antwort aus deiner AC bekommst.

Schritt 1
Öffne deine Akasha-Chronik mit dem Gebet.

Schritt 2
Stell die Frage: Ist meine Akasha-Chronik geöffnet?

Dann nimm eine Karte aus einem Kartenset deiner Wahl, lies die Botschaft und frage dann deine Meister und Lehrer: Inwieweit bezieht sich diese Karte auf mich? Oder: Inwieweit bezieht sich diese Karte auf mein Thema?

Schritt 3
Schreib deine Ergebnisse auf und sei dir bewusst: Jede deiner Fragen an die AC führt zu Antworten, die sich auf das beziehen, was du gerade in deinem Leben erfährst.

Schritt 4
Schließe deine Akasha-Chronik.

Diese Übung im Alltag nutzen
Du kannst alle möglichen Karten, Artikel, Bücher oder Zitatsammlungen für diese Übung verwenden. Ich benutze zum Beispiel gern die »Körper und Seele«-Karten von Louise L. Hay. Andere Karten funktionieren aber ebenso gut. Du kannst auch einen Zeitungsartikel nehmen oder einen Abschnitt aus einem Buch und die Frage an die Akasha-Chronik richten, inwiefern sich der Text auf dich bezieht.

Es spielt keine Rolle, welches Werkzeug du für die Übung verwendest, weil deine Meister und Lehrer dich mit der passenden Antwort versehen werden, die du hören musst, um dich in deiner Lebenssituation weiterzuentwickeln.

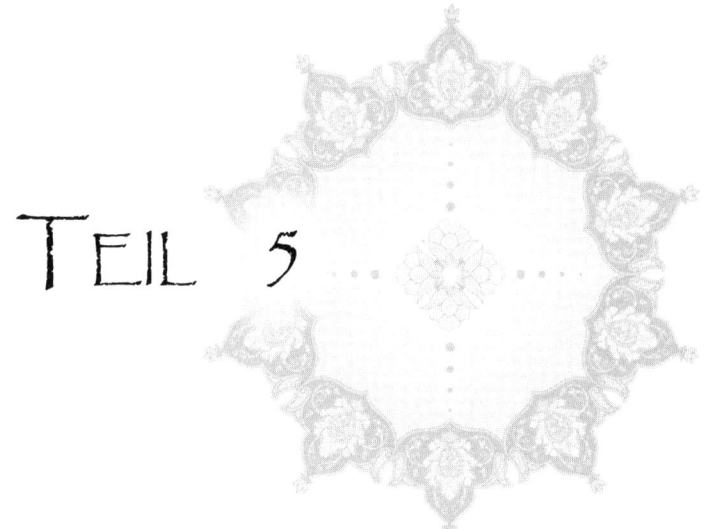

TEIL 5

Die Akasha-Chronik nutzen

*»Eine Unze Praxis ist mehr wert
als Tonnen von Predigten.«*
MAHATMA GANDHI

Wie oft sollte ich meine Akasha-Chronik aufsuchen?

So oft wie möglich. Die AC kennt keine Sprech-
zeitbegrenzungen wie so manche Handyverträge.
Dein Zugang ist unbeschränkt möglich. Kommuni-
ziere täglich mit deinen Akasha-Chronik. Je mehr
du diesen Austausch vertiefst und ausbaust, desto
besser stimmst du dich auf die Quelle ein. Wenn
du einmal mit deinen Meistern und Lehrern vertraut geworden bist, brauchst du dich nicht mehr
regelmäßig jeden Tag an sie zu wenden. Du kannst

die Verbindung vielmehr immer dann aufnehmen, wenn eine Frage auftaucht, auch wenn das nur zwei- oder dreimal in der Woche geschieht.

Welche Fragen sollte ich stellen?

Richte an die Akasha-Chronik jede beliebige Frage, die dir für dein Leben und auf deiner Reise hilft. Du kannst die Fragen verwenden, die ich in diesem Büchlein vorgeschlagen habe, und sie deinen Umständen entsprechend anpassen.

Geh freundlich mit dir selbst um, auch dann, wenn du merkst, dass du dieselben Fragen immer wieder stellst. Du bist auf einer Entwicklungsreise. Manchmal dauert es eben etwas, bis wir durch eine Phase hindurch sind und Fortschritte in unserem Leben erfahren.

Gib dir selbst die Zeit und Zuwendung, die du brauchst, um die Herausforderungen in deinem Leben zu bestehen und diesen Prozess zu einem glücklichen und fröhlichen Erlebnis zu machen.

Bewahre den Vorgang als etwas Heiliges

Halte den Arbeitsprozess mit deiner Akasha-Chronik in Ehren und betrachte ihn als etwas Heiliges und Göttliches. Das Gebet, das den Zugang gewährt, ist ein einzigartiger Vorgang, der bei jedem wirkt, der für diese Energie offen ist und in Resonanz steht.

Wenn wir uns für etwas begeistern, möchten wir es oft mit anderen teilen. Mein Rat an dich ist, dich über deine Erlebnisse zwar mit anderen auszutauschen, dabei aber keinerlei Erwartungen im Hinblick auf ihre Empfänglichkeit dafür zu hegen. Wenn deine Freunde dafür offen sind, dann freue dich über ihr Interesse. Wenn sie jedoch gar nichts damit anfangen können oder sogar dagegen reden, dann respektiere, dass sie auf ihrem eigenen Weg sind, und nimm ihre Reaktionen mit Liebe an.

Es ist für dich viel wesentlicher, dass du auf deine eigene heilige Erfahrung ausgerichtet bleibst, als dich um die Angelegenheiten von anderen zu kümmern oder dich dort hineinziehen zu lassen. Schlussendlich wird alles, was du für »dein Selbst« tust, auch auf alle anderen eine Auswirkung haben. Ob du dir dessen nun bewusst bist oder nicht: Alles, was du tust, hat eine erhebliche Wirkung auf deine Umgebung. Ich gehe darauf im vierten Seminarlevel unter dem Thema Eins-Sein näher ein.

Was die nächsten Unterrichts- und Ausbildungsstufen bieten

»Unser Schicksal hängt nicht von den Sternen ab,
sondern von unserem Handeln.«
WILLIAM SHAKESPEARE

William Shakespeare hatte recht, als er sagte, dass wir selbst unser Schicksal bestimmen. Da unser Leben unsere eigene Lebensreise ist, wird es immer etwas Neues zu erforschen geben, und wir werden uns immer weiterentwickeln können.

Die Seminare, die auf dem im Buch Dargestellten aufbauen, sind so gestaltet, dass sie dich in deiner Öffnung und Fortentwicklung unterstützen und dir helfen, auf die jeweils nächsthöhere Ebene zu gelangen. Wenn du nämlich beispielsweise lernst, wie man in der Akasha-Chronik einem anderen Menschen eine Lesung gibt, dann hilft das nicht nur dem Klienten, sondern es wird auch dein Verständnis für die unglaublichen Tiefen erweitern, zu denen du mit dieser Akasha-Arbeit vorstößt.

Akasha-Chronik-Level 1 ist das, was dieses Buch beschreibt und vermittelt. Dazu gibt es Level-1-Seminare, um das Ganze unter persönlicher Anleitung noch besser und klarer in die Praxis umzusetzen. Es folgen dann drei weitere Levels sowie ein Lehrer-Trainingsprogramm.

Seminarlevel 2
Wie man den Zugang zur Akasha-Chronik für andere erhält

Nach Abschluss dieses Intensivkurses wirst du in der Lage sein:

- anderen auf befähigte, gewandte Weise Akasha-Readings zu geben,
- alte Verträge und Verhaftungen aufzulösen,
- bestimmte Techniken zu nutzen, um durch den Gebrauch von Gnadenpunkten für Fortgeschrittene deine Muster und Abhängigkeiten aufzugeben,
- die Ursprünge von Gesundheitsthemen, Herausforderungen und Problemen deines Klienten zu erkennen und ihm zu helfen, zu günstigeren Ergebnissen zu gelangen,

- durch den Geist und Spirit der Akasha-Chronik anderen zu helfen, sich besser auf sich selbst einzustimmen und ausgeglichener zu werden; du wirst anderen helfen können, sich immer wieder aufzubauen und zu erheben,
- von einem Raum der bedingungslosen Liebe und des Mitgefühls aus zu arbeiten, was sich als großer Segen sowohl für dich selbst als auch für jene erweisen wird, denen du dienst,
- Information zu channeln, die du durch Schwingungen in deinem vierten Chakra empfängst anstatt durch bloße Worte.

Dieser Kurs ist für die Menschen gedacht, die den Level-1-Kurs erfolgreich abgeschlossen haben.

Seminarlevel 3
Wie man die Akasha-Chronik nutzt,
um eine energetisch heilsame Veränderung für
sich selbst und andere zu bewirken
Du wirst damit arbeiten, Energie zu verändern, indem du die Wurzeln eines Themas oder Problems offenlegst und beseitigst. Dadurch wird Heilung auf allen Ebenen stattfinden, sodass du ein harmonisches Leben für dich und deine Klienten erschaffen kannst. Nach Abschluss dieses Intensivkurses wirst du befähigt sein:
- die Energie auf der Ebene der DNA zu verändern,

- die Bedeutung deines Unterbewusstseins zu verstehen und zu erkennen, wie du es einsetzen kannst, um unerwünschte Muster zu klären und zu heilen. Dadurch kannst du kreieren, was du in deinem Leben wirklich willst oder was die Klienten in ihrem Leben wirklich möchten.
- karmische Themen auf der Karma-Ebene zu lösen,
- geistige Verhaftungen und energetische Schnüre freizugeben,
- falsche mentale Glaubenssätze und emotionale Themen oder Muster loszulassen.

Dieser Kurs ist für die Menschen gedacht, die Level-1- und Level-2-Kurs erfolgreich abgeschlossen haben.

Seminarlevel 4
Wie man sich eins fühlt mit Gott,
mit der Quelle und mit der Schöpfung
Du wirst Energien für dich selbst und für deine Klienten verändern und sie stimmig fließen lassen können, indem du die Trennung von der Quelle entdeckst, offenbarst und beseitigst. Nach Abschluss dieses Intensivkurses wirst du in der Lage sein:
- die Vernetzung aller Wesen, Ereignisse und Dinge zu erkennen und deine eigene Rolle dabei zu erkunden,
- deine Zellstruktur zu verändern,

- bewusst Frieden in deinem Leben zu kreieren,
- die Qualität von Eins-Sein zu definieren,
- deine Verbindung zu Gott, der Einheit, der Quelle herzustellen und zu bewahren,
- deine Klienten sowie jeden anderen als einen Teil dieser Einheit und Ganzheit zu sehen.

Zertifiziertes Akasha-Chronik-Lehrer-Trainingsprogramm

Verwandle dein Leben, bereichere deine Praxis auf erfüllende Weise und leiste einen hervorragenden Beitrag für die Welt!

- Werde zum besten Akasha-Chronik-Experten, der du jemals sein kannst.
- Bereichere deine Erkenntnis und kultiviere deine Verbindung mit deiner eigenen Akasha-Chronik.
- Entdecke durch die Akasha-Chronik das Potenzial für deine eigenen Führungsqualitäten.
- Entwickle und verfeinere deine Fertigkeiten, deine Empfänglichkeit, dein Unterscheidungsvermögen und deine Fähigkeit, mit anderen in einer Beziehung auf Augenhöhe zu arbeiten.
- Nutze die Akasha-Chronik als eine unabhängige, sich selbst genügende Quelle für persönliche Ermächtigung und Bewusstseinsentfaltung.
- Nutze den Zugang zur Akasha-Chronik als Ergänzung zu von dir bereits ausgeübten Methoden und Praktiken.

- Folge deinem tiefen Wunsch, als zertifizierter Lehrer dieser Arbeit anderen zu dienen.

Dieses Programm stellt eine einzigartige Gelegenheit dar, von Gabrielle Orr auf dem Gebiet der Akasha-Chronik persönlich ausgebildet zu werden. Ihre Arbeit ist darauf spezialisiert, die Akasha-Chronik zur Selbstermächtigung und Transformation zu nutzen.

Als Absolventin oder Absolvent dieses Lehrer-Trainingsprogramms wirst du als Mitglied einer exklusiven Gruppe anerkannt sein. Diese Mitglieder haben die Berechtigung, die Gabrielle-Orr-Methode des Zugangs zur Akasha-Chronik zu unterrichten.

Künftige Projekte

*»Die Anerkennung der Fülle,
die schon in deinem Leben ist,
ist Grundlage jeder Fülle.«*
ECKHART TOLLE

Die Autorin arbeitet derzeit an einem Buch über Heilung und spirituelle Intelligenz in der Akasha-Chronik. Darin beschreibt sie ihre eigenen Erfahrungen, Heilungen, die ihre Klienten erleben durften, und Transformationen, die sich in den Seminaren zur Akasha-Chronik ereignet haben. Wenn du mehr Interesse an diesen Themen hast, kannst du dich in ihre Mailingliste auf ihrer Website eintragen: www.GabrielleOrr.com

Leseempfehlungen

Natalie Sudman
Application of Impossible Things: A Near Death Experience in Iraq

Gregg Braden
Awakening the Power of a Modern God: Unlock the Mystery Healing of Your Spiritual DNA
The God Code. The Secret of our Past, the Promise of our Future (Der Gottes-Code. Das Geheimnis in unseren Zellen; KoHa Verlag)

Der Bestsellerautor Gregg Braden ist ein international bekannter Pionier des Brückenschlags zwischen Naturwissenschaften, Spiritualität und der Alltagswelt.

Bruce H. Lipton, PhD
The Biology of Belief: Unleashing the Power of Consciousness, Matter & Miracles (Intelligente Zellen.

Wie Erfahrungen unsere Gene steuern; KoHa Verlag)

Lynne McTaggart
The Field: The Quest for the Secret Force of the Universe (Das Nullpunkt-Feld. Auf der Suche nach der kosmischen Ur-Energie; Goldmann Verlag)

Ervin Laszlo
Science and the Akashic Field: An Integral Theory of Everything (Zu Hause im Universum. Die neue Vision der Wirklichkeit; Allegria Verlag).
The Akashic Experience: Science and the Cosmic Memory Field (Der Akasha-Code. Wie das kosmische Bewusstseinsfeld uns beeinflusst; Via Nova Verlag)

Ervin Laszlo, Wissenschaftsphilosoph und Systemtheoretiker sowie Mitbegründer des »Club of Rome« und Begründer des »Club of Budapest«, war 2004 und 2005 für den Friedensnobelpreis nominiert. Er ist Autor von 74 Büchern.

Rückmeldungen von Klienten und Seminarteilnehmern

*»Einem Menschen
als Zeichen von Dankbarkeit
und Achtung geschenkt.«*
<small>AKASHA-CHRONIK</small>

Gabrielle,
ich fühle mich nach einer Sitzung mit dir immer
so, als ob meine Seele gereinigt worden sei. ☺
Seit ich bei deinem Seminar war, bin ich besser
auf meine Chronik eingestimmt, und ich prakti-
ziere die Dinge, die du uns beigebracht hast. Dadurch bekomme ich eine völlig neue Sichtweise,
und oft wird mir das bestätigt, was ich schon

gefühlt hatte. Ich liebe dich und schätze dich so sehr!
Lisa

•

Deine Lehren sind ein Schlüssel für meinen Weg gewesen. Seit ich am ersten Seminar bei dir teilgenommen habe, hat sich mein Leben verändert. Es gibt keine Sekunde mehr, wo ich nicht tief eintauche und mein Herz frage: »Welche Richtung soll ich einschlagen?« ... und dort gehe ich dann hin.

Die Akasha-Chronik hat sich von Anfang an so stimmig angefühlt. Sie ist von einem Augenblick zum nächsten zu meiner Praxis geworden. *Muchos besos* (viele Küsse) & Tonnen an Segen.
Joan Z.

•

Liebe Gabrielle,
danke für deine Führung durch den ersten Unterrichtsblock. Es war eine wunderbare Erfahrung und zu meinem höheren Wohle! Ich erlaube es. Ich erlaube es. Ich erlaube es.
Lina K.

•

Danke Gabrielle!

Vor wenigen Wochen habe ich mein Buch veröffentlicht und viele Exemplare an alternative Heiler und Ärzte verkauft. Was wirklich cool ist: Jeweils ein Exemplar ging nach Malaysia, Irland, Kanada, Hawaii und in 24 andere Bundesstaaten. Ich bin nach Maine eingeladen worden, vielleicht auch nach Kanada, und hier vor Ort gebe ich es in Seminarform weiter.

Deine Führung war ein solcher Segen. Sie hat mit das Selbstvertrauen vermittelt und mir »Wind unter meine Flügel« geblasen, damit ich fliegen konnte. Ich danke dir so sehr, dass du in mir etwas gesehen hast, wonach ich erst noch gesucht hatte.

Catherine

•

Ich spüre, dass mir die Begegnung mit dir geholfen hat, mein Herz weiter zu öffnen und ein achtsamerer Mensch zu werden. Ich blicke nun voller freudiger Erwartung in meine Zukunft. Ich danke dir sehr für deine Bewusstheit, deinen authentischen Ansatz und deine aufrichtige Ernsthaftigkeit.

Dominique

Über die Autorin

Gabrielle Orr hat nach einer Ausbildung zur diplomierten Sozialarbeiterin und einer speziellen Zusatzausbildung etliche Jahre mit geistig behinderten Kindern und mit Komapatienten gearbeitet. Zu ihrer verantwortungsvollen Tätigkeit gehörte auch, ihren Patienten und deren Familien als Lebensberaterin beizustehen.

Heute ist Rev. Gabrielle Orr zertifizierte Akasha-Chronik-Lehrerin und Beraterin, anerkannte *Healing Touch Practitioner,* Reiki-Meisterin, anerkannte *EFP-Practitioner,* Massagetherapeutin und Feng-Shui-Beraterin.

Sie gibt internationale Akasha-Chronik-Seminare und leitet seit 2002 Retreats. Als offiziell anerkannte Akasha-Chronik-Lehrerin wirkt Gabrielle Orr auf intuitive Weise, um ihre Klienten und Schüler zu begleiten und zu unterrichten. Sie ist in einer Reihe von metaphysischen und spirituellen Wegen gut ausgebildet. Ihr besonderes Talent besteht darin, den Menschen zu helfen, ihre Herzen zu öffnen, neues Vertrauen zu entwickeln und einen offenen Geist zu bewahren.

Gabrielle Orr hat ihre Lehrfähigkeiten in hochmotivierten und interaktiven Unterrichtssituationen unter Beweis gestellt. Sie bietet dabei individuelle Förderung und positive Hilfen, um sicherzustellen, dass jeder ihrer Schüler erfolgreich ist.

Sie verfügt über eine hervorragende Kommunikationsfähigkeit und versteht es, den zwischenmenschlichen Austausch anzuregen. In den Seminaren und Ausbildungen fördert sie erfolgreich die Beziehungen innerhalb der Gruppe.

In liebevoller Zuwendung – One True Love,
Gabrielle Orr

http://www.GabrielleOrr.com
http://www.facebook.com/GabrielleOrr

Anmerkungen

1. Ich bin durch Dr. Joe Dispenza zu dieser Meditation inspiriert worden; für den Zweck der Übung in diesem Rahmen habe ich sie entsprechend angepasst.

2. Im Original spricht Gabrielle Orr von *Akashic Records,* also »Akasha-Aufzeichnungen«. Wegen der besseren Lesbarkeit ist im deutschen Text einheitlich von Akasha-Chronik (abgekürzt AC) die Rede, gleich ob es sich um die persönliche AC einer Person oder die Gesamtheit aller ACs handelt. Einzahl und Mehrzahl heißen ebenso einfach Akasha-Chronik bzw. AC (Anm. d. Ü.).

3. Chakras sind Energiezentren in unserem Körper, hauptsächlich entlang der Wirbelsäule. Jedes Chakra ist auf unterschiedlichen Ebenen mit

unserem Wesen verknüpft: physisch, emotional, mental, spirituell. Auf der physischen Ebene beeinflusst jedes Chakra ein Hauptorgan oder eine Drüse, die dann mit anderen Körperteilen verbunden sind, die in derselben Schwingung schwingen. Dem Herzchakra ordnet man die Farbe Grün zu. Es ist von entscheidender Bedeutung. Es lässt Liebe fließen, bewirkt Ausgeglichenheit, erzeugt Mitgefühl und hält unser Immunsystem stark und widerstandsfähig.

Das achte Chakra komplettiert als das »universelle Herz« die Oktave unseres Bewusstseins und bezieht sich auf uns als Persönlichkeit. Es ist das Portal, das Tor zu unserer höheren, transpersonalen Bewusstheit. Das achte Chakra ist anders als die sieben Hauptchakras nicht einer Körperregion zugeordnet. Es »schwebt« über dem Kopf, über dem Kronenchakra, das am höchsten Punkt des Schädels ist, so ähnlich wie ein Heiligenschein. Wenn das achte Chakra geöffnet wird, erlebt der Mensch eine machtvolle spirituelle Veränderung. Sie bringt eine neue spirituelle Bewusstwerdung mit sich, die alles im Leben der Person umschließt und tief greifende persönliche, berufliche, mentale und emotionale Veränderungen bewirken kann. Ein auf diese Weise offenes achtes Chakra hilft dem Menschen, seine Verbundenheit mit allem Leben zu erkennen, und es eröffnet ihm einen Zugang zu tieferen spirituellen und kreativen Einsichten.

4. »Heiden« ist eine nicht ganz glückliche Übertragung des Begriffs *pagans* aus dem Englischen, der dort Menschen bezeichnet, die Natur- und Erfahrungsreligionen anhängen. Der Begriff »Heiden« wird beziehungsweise wurde oft für alle möglichen Religionen und spirituellen Wege verwendet, die nicht den monotheistischen Religionen von Judentum, Christentum und Islam entsprechen. Manchmal meint man damit auch Menschen, die keiner der sogenannten Weltreligionen folgen.

5. Anthroposophie ist eine von Rudolf Steiner entwickelte geistige Lehre und spirituelle Weltanschauung, die noch heute weit verbreitet ist. Es ist ein Weg zu Wissen und Erkenntnis, der den geistigen, spirituellen Teil des menschlichen Wesens zum Geist oder Spirit des Universums führt.

6. Der Begriff »Schmerzkörper« *(painbody)* stammt von Eckhart Tolle und bezeichnet all die Leiden, die ein Mensch mit sich herumträgt.

Ein Schmerzkörper ist die Manifestation aller Schmerzen, Leiden und Sorgen, die ein Mensch in seinem gesamten Leben erfahren hat. Dazu zählen auch jene Dinge, die er aus der eigenen Kultur und der eigenen Familiengeschichte geerbt hat. Der Schmerzkörper eines Menschen nährt und stärkt sich selbst, indem er sich und andere leiden lässt.

Raum für
persönliche Notizen

Gabrielle Orr

Auch du kannst Wunder bewirken!

In diesem Buch findet sich eine Quelle voller Anregungen,
um sich mit der Akasha-Chronik persönlich, emotional und spirituell
weiterzuentwickeln und in die eigene Schöpferkraft zu kommen.

978-3-7787-7521-9